Daniel Defoe

rowohlts monographien
begründet von Kurt Kusenberg
herausgegeben von Wolfgang Müller
und Uwe Naumann

Daniel Defoe

Dargestellt von Wolfgang Riehle

Rowohlt Taschenbuch Verlag

Umschlagvorderseite: Daniel Defoe. Nachträglich kolorierter Holz-
stich nach einem Gemälde von J. Thomson, 19. Jahrhundert
Umschlagrückseite: «Robinson gewinnt einen langersehnten
Hausgenossen». Farblithographie nach Karl Offterdinger
aus dem 19. Jahrhundert. Aus: Robinson. Ein Lesebuch für Kinder
von Joachim Heinrich Campe. Stuttgart o. J.
Szene aus dem britischen Film «Crusoe» von Caleb Dechanel, 1988:
Robinson (Aidan Quinn) erwacht nach dem Schiffbruch am Strand
einer einsamen Insel

Seite 3: Daniel Defoe. Stich von Hopwood
nach einem Gemälde von Jonathan Richardson
Seite 7: Moll Flanders

Originalausgabe
Veröffentlicht im Rowohlt Taschenbuch Verlag
GmbH, Reinbek bei Hamburg, November 2002
Copyright © 2002 by Rowohlt Taschenbuch Verlag
GmbH, Reinbek bei Hamburg
Umschlaggestaltung Ivar Bläsi
Redaktionsassistenz Katrin Finkemeier
Reihentypographie Daniel Sauthoff
Layout Gabriele Boekholt
Satz PE Proforma *und* Foundry Sans *PostScript,*
QuarkXPress 4.11
Gesamtherstellung Clausen & Bosse, Leck
Printed in Germany
ISBN *3 499 50596 7*

Die Schreibweise entspricht den Regeln
der neuen Rechtschreibung.

INHALT

Der aufhaltsame Aufstieg
des Daniel Foe zum Ruhm   7

Ein ungeplantes Zwischenspiel
im Schuldgefängnis   17

Defoe betritt die politische Bühne   24

Der «Echte Engländer»
und seine politischen Rechte   28

Defoes tiefster Fall
und seine «Erhöhung» am Pranger   35

Zu neuen Ufern   47

Ein Spion kommt aus der Tiefe   47

Projekte über Projekte –
und eine Reise zum Mond   50

Globale Interessen:
Die ganze Welt im Blick   62

Defoe wird Schriftsteller
von Weltrang   68

Eine Serie von
Romanerfolgen beginnt   88

Themenwechsel:
Zwei Frauen außer Rand und Band   93

Glück und Unglück
der berühmten Moll Flanders   93

Diebe im «Zeichen der Wiege»   98

Die glückhafte Mätresse
Roxana   103

Verfolgungswahn und Mordgedanken   111

Weitere Unmoral – und kein Ende   114

Als kritisch-aufgeschlossener Reisender
durch Großbritannien   117

Des Lebens unendliche
Vielfalt   117

Defoes Vorsorge gegen eine
Wiederkehr der Pest 125

«Ich bin doch nicht tot – oder?» 125

Das Ende als Weg aus neuer Bedrohung 138

Anmerkungen 146

Zeittafel 150

Zeugnisse 152

Auswahlbibliographie 154

Namenregister 158

Danksagung 159

Über den Autor 159

Quellennachweis der Abbildungen 160

Der aufhaltsame Aufstieg des Daniel Foe zum Ruhm

Daniel Defoe ist im allgemeinen Bewusstsein lebendig als Autor des unsterblichen *Robinson Crusoe*, den Jugendliche heute noch mit Begeisterung lesen. Dabei ist dieses Meisterwerk der Weltliteratur nicht speziell für die Jugend geschrieben. Im deutschen Sprachraum weit weniger bekannt ist, dass Defoe außerdem Verfasser der höchst vitalen und abenteuerlichen Lebensgeschichte einer gewissen Moll Flanders ist. Diese verbrachte zwölf Jahre als Hure, hatte fünf Ehemänner, darunter sogar ihren eigenen Bruder, lebte zeitweise in Bigamie, brachte zwölf Kinder zur Welt und begann eine zweite Karriere als Diebin. Fürs Fernsehen ist dieser Roman spannend in Szene gesetzt worden. *Robinson Crusoe*, *Moll Flanders* und andere Romane hat Defoe auffallend spät zu schreiben begonnen. Sie bilden auch nur einen sehr kleinen Teil seiner lebenslangen schriftstellerischen Tätigkeit. Denn schon in jungen Jahren erhob er seine Stimme zu den verschiedensten Themen. Fasziniert beobachtet er besonders den raschen gesellschaftlichen und ökonomischen Wandel, über den er sich seine eigenen Gedanken macht, sodass seine Werke auch den wirtschaftlichen Aufstieg des kaufmännischen Bürgertums und die Ausbildung des Individuums zum Unternehmer im frühen 18. Jahrhundert spiegeln. Wir sind als Leser aber auch erstaunt darüber, wie modern sich Defoes Lebensumstände ausnehmen und die Probleme, mit denen er sich konfrontiert sieht, wie wenig die historische Distanz uns eigentlich von ihm trennt. Tiefe Verwerfungen und Widersprüche machen sein Erscheinungsbild höchst interessant, gerät er doch auch mehrfach in schweren Konflikt mit der Gesellschaft. Er, der gern die Coffee Houses, jene gesellschaftlichen Zentren des Bürgertums, besuchte, der sich dort effektvoll in Szene zu setzen wusste, wurde sogar an den Pranger gestellt, auch er ein Einsamer wie sein Robinson, obgleich er mitten im geschäftigen London lebte. Bei all seinen Niederlagen gab er freilich nicht sich selbst, sondern den anderen die Schuld. Es ist daher nicht anders als ironisch zu verstehen, dass sein ursprünglicher Name «Foe» lautete, was im Englischen konkret «Feind» bedeutet. Hat seine spätere Namensänderung in «Defoe» auch damit zu tun, dass er diese Nebenbedeutung zu kaschieren suchte?

Geboren ist Daniel Defoe in London in jenem entscheidenden Jahr 1660, in dem König Karl II. aus dem französischen Exil zurückkehrte und damit die vom Hof Ludwigs XIV. inspirierte, sinnenfrohe Epoche der Restauration der Monarchie einleitete. Sein Vater James Foe war gelernter Wachszieher und Talgkerzenhändler. Da dieser aber auch den Einstieg in den Überseehandel wagte, gelangte er zu mäßigem Wohlstand und brachte es von einem bloßen Händler zum Kaufmann und Bürger Londons. Die Vermutung liegt nahe, dass der junge Daniel eine starke Prägung durch den Vater erhielt. Dagegen wissen wir nichts Genaueres über das Verhältnis zu seiner Mutter Alice, die schon etwa acht Jahre nach seiner Geburt starb. Auch sein Onkel Henry Foe wird ihm einiges bedeutet haben. Häufige Besuche in seiner unweit der eigenen Wohnung gelegenen Sattlerei haben den jungen Daniel sicherlich beeindruckt, vor allem dessen Berichte über seinen Handel mit den englischen Kolonien in Amerika und die damit verbundenen Seefahrergeschichten. Nicht weit entfernt lag der Hafen, zu dem es ihn oft hinzog, wo unübersehbar viele Schiffe ankerten, wo er Seefahreratmosphäre erleben und von Abenteuern träumen konnte. Doch auch entgegengesetzte Eindrücke, wie das schutzlose Ausgeliefertsein des Menschen an die Gefahr, prägten den jungen Daniel. Da war die unheimliche Naturgewalt der großen Pestepidemie von 1665, die London ganz plötzlich traf. Wahrscheinlich hat sich die Familie Foe rechtzeitig durch die Flucht aufs Land in Sicherheit gebracht, trotzdem hat er Bilder dieser tödlichen Bedrohung, die etwa 100 000 Menschen dahinraffte, in sich aufgenommen und später für seinen höchst eindrucksvollen *Bericht aus dem Pestjahr* verwendet.

Nur wenige Monate nachdem die Epidemie überwunden war, hatte London eine weitere verheerende Katastrophe zu überstehen. Unweit der London Bridge bricht an einem Septembersonntagmorgen in einer Bäckerei ein Feuer aus. Es verbreitet sich bei starkem Ostwind sehr rasch und nimmt bald riesige Ausmaße an. Das Feuer wütet drei Tage und zerstört etwa 80 Prozent der City. Als Erwachsener beschreibt Defoe im Rückblick die Reaktion der Menschen auf den Großbrand ihrer Stadt: *Da alle Bemühungen, das Feuer zu löschen, sich als fruchtlos erwie-*

Der Großbrand Londons im Jahre 1666.
Anonymes Gemälde der holländischen Schule, um 1666.
London, Museum of London

*sen, gaben es die Leute auf; verzweifelnde Bürger schauten nur noch
zu und betrachteten die Zerstörung ihrer Wohnungen mit einer Art
Dumpfheit als Folge blanken Erstaunens.* [1] Doch man verstand den
Großbrand zugleich als Chance eines Neuanfangs. Alsbald begann eine enorme Bautätigkeit, die City erhielt eine wesentlich
großzügigere Gestalt. Und es dauerte nicht allzu lange, bis sie
als eine nun schon moderne Metropole wieder erstanden war.

Nachdem der Vater seine materielle Situation verbessert
und ein zweites Mal geheiratet hatte, zog die Familie in eine
neu erbaute Wohnung, die näher beim geschäftlichen Zentrum der City gelegen war. Mit seiner Stiefmutter dürfte sich
Daniel nicht sehr gut verstanden haben. Man schickte daher
den Jungen, wie Frank Bastian vermutet, in ein von einem Prediger geführtes privates Internat in Dorking, nicht weit von
London entfernt, einem Ort, zu dem die Foes familiäre Beziehungen unterhielten. [2]

Schon als Zehnjähriger besaß Defoe ein feines Sensorium
für die politischen Spannungen und Konflikte seiner Zeit, die
damals untrennbar mit religiösen Differenzen verbunden waren. Die Foes gehörten als Presbyterianer mit den so genannten
Independents zu den stärksten Gruppen der religiösen Abweichler, der Dissenters. Sie anerkannten die Church of England nicht, und sie hatten im vorausgegangenen Bürgerkrieg
für die Rechte des Parlaments und gegen den König gekämpft.
Die Presbyterianer indes propagierten nicht die Abschaffung
der Monarchie, sie wollten lediglich deren Macht beschränken, bekannten sich aber nicht zur Church of England. Als Folge ihrer Opposition waren den Dissenters seit dem so genannten Test Act von 1673 sämtliche öffentlichen Ämter sowie
die Universitäten verwehrt. Auch mussten sie um ihre persönliche Sicherheit besorgt sein, denn die Verfolgungen nahmen
bedrohliche Ausmaße an. Zu Gottesdiensten konnten sie sich
nur in eigenen Versammlungshäusern treffen. Indem Daniel
in diesen Gemeinden aufwuchs, wurde er früh nicht nur mit
puritanischer Frömmigkeit vertraut, sondern bekam bereits
das Gefühl vermittelt, ein Außenseiter zu sein, der er zeitlebens auch geblieben ist. Später sollte er in Streitschriften ge-

gen diese repressive Gesetzgebung ankämpfen. Andererseits wurde er aber auch in einem sehr progressiven Sinn erzogen, bildeten doch die Puritaner den Kern des erfolgreichen merkantilen Bürgertums. Der spezifische Bürgersinn war geprägt von Fleiß und harter Arbeit, klugem und wirtschaftlichem Denken. Er manifestierte sich ferner in Dienstbereitschaft und Selbstdisziplin, gegründet auf einem christlichen Tugendideal, aber auch auf einem Unabhängigkeitsbedürfnis und einem Misstrauen gegenüber der staatlichen Autorität.[3]

Da die Dissenters keinen Zugang zu den Universitäten hatten, unterhielten sie eigene Akademien, die von der Regierung mit Argwohn bedacht wurden. Der sechzehnjährige Daniel, der nach dem Willen des Vaters die Predigerlaufbahn einschlagen sollte, kam in die Akademie in Newington Green, die von dem brillanten Geistlichen Charles Morton geleitet wurde. Bis zu seinem Lebensende sprach Defoe meist mit Stolz von der Erziehung, die er hier genoss, wo ein aufgeschlossener und skeptisch denkender Lehrer unterrichtete, wo man bereits die philosophischen Gedanken John Lockes diskutieren durfte, der in Oxford noch verboten war und der später Defoe nachhaltig beeinflussen sollte.[4] Ebenfalls sehr wichtig war gerade für einen Mann wie Defoe, dass hier ganz neue Studienfächer wie Geschichte, Geographie, moderne Sprachen und Physik gelehrt wurden. Dabei stützte man sich in der Naturwissenschaft auf das Experiment, denn man war überzeugt, nur dadurch, und nicht in der traditionsreichen universitären Theorie, gebe sich Gott in der Welt zu erkennen. Es kam auch einer revolutionären Neuerung gleich, dass der Unterricht in englischer statt wie bisher in lateinischer Sprache abgehalten wurde und dass sich Morton beim Unterricht um Klarheit und Einfachheit des

John Locke (1632–1704)
In Defoes Werken ist der Einfluss John Lockes recht deutlich zu erkennen, vor allem im Roman *Robinson Crusoe*. Themen, bei denen dies erkennbar wird, sind Aspekte des Empirismus, das Verhältnis zwischen Arbeit und Eigentum, die politische Theorie und die religiöse Toleranz. Lockes politische Schriften mit der Definition menschlicher Grundrechte übten eine äußerst nachhaltige, im Grunde bis in die Gegenwart andauernde Wirkung aus.

sprachlichen Ausdrucks bemühte. Man behandelte an dieser theologischen Akademie alle möglichen Themen, und man machte auch nicht Halt vor den schwierigsten Fragen, wie jener nach der Existenz Gottes.

Möglicherweise erlebte der junge Defoe vorübergehend eine Glaubenskrise, denn im dritten Teil seines *Robinson Crusoe* schildert er sehr einfühlsam, wie ein junger Student, der zunächst Mitglied eines gotteslästernden Atheistenclubs ist, durch ein Erweckungserlebnis bekehrt wird, um anschließend in einem längeren Dialog einen anderen Atheisten zum Glauben zurückzuführen.[5] Der junge Defoe bekräftigt indes seinen Glauben in Meditationen[6] über gehörte Predigten; sie sind geschrieben in schöner, klarer und schwungvoller Handschrift.

Den eigentlichen Beweis für die Existenz Gottes sieht er darin, dass dieser sich als Vorsehung in seinem Leben bemerkbar gemacht habe. Der Begriff Vorsehung nimmt eine zentrale Funktion in Defoes Religiosität ein. Dabei geht er freilich nicht so weit wie die Calvinisten mit ihrer Prädestinationslehre, für die das menschliche Leben göttlich vorbestimmt ist; aber Gott hat die Möglichkeit, auf vielfältige Weise dem Menschen für seine Entscheidungen Fingerzeige zu geben, ohne doch wesentlich in den Lauf der Natur einzugreifen; denn diese ist eine Maschine, die sich nach dem Gesetz von Ursache und Wirkung erhält. Die puritanische Religiosität, zu der sich auch Defoe bekennt, konzentriert sich auf die Ethik: Dem Sündenbewusstsein folgt mit Notwendigkeit die Reue, worin die Hoffnung auf Vergebung begründet ist. Wie tief ist indes Defoes Religiosität gewesen? Immerhin hat er den Gedanken äußern können: *Wenn sich die Glaubensinhalte einst als irrig erweisen, welchen Schaden hätte man eigentlich davon? [...] Man hat sich doch nur bemüht, ein bißchen mehr wie ein Mensch zu leben [...].*[7]

Im Gegensatz zu seinem Schulfreund mit dem interessanten Namen Timothy Cruso gibt Defoe die Absicht auf, Prediger zu werden; ihm ist inzwischen klar geworden, dass sich sein Lebensplan anders gestalten wird. Er lässt sich in Wirtshäusern sehen, ist dem Alkohol – allerdings in Maßen – zugetan, besucht die Theater, wird jedoch abgestoßen von den unmora-

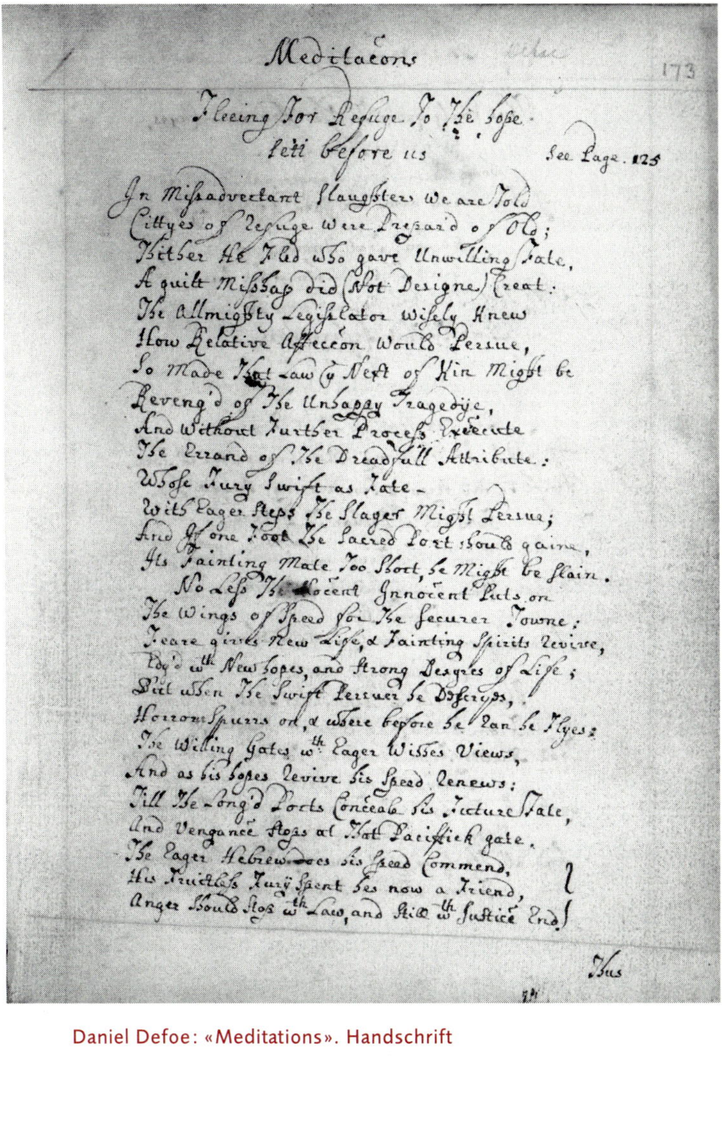
Meditacons

Fleeing For Refuge To The Hope
sett before us See Page. 125

In Missadvertant Slaughters We are Told
Cittyes of Refuge Were Prepar'd of Old;
Hither He Fled who gave Unwilling Fate,
A guilt Misshap did (Not Designe) Create:
The Allmighty Legislator wisely Knew
How Relative Affeccon Would Persue,
So Made That Law ye Next of Kin Might be
Reveng'd of The Unhappy Tragedyie,
And Without Further Process Execute
The Errand of The Dreadfull Attribute:
Whose Fury Swift as Fate-
With Eager Steps The Slayer Might Persue;
And If one Foot The Sacred Port should gaine,
His Fainting Male Too Short, he Might be Slain.
No Less The [illegible]ocent Innocent Puts on
The Wings of Speed for The Securer Towne;
Feare gives New Life, & Fainting Spirits Revive,
Edg'd wth New hopes, and Strong Desyres of Life;
Still when The Swift Persuer he Descryes,
Horrour Spurrs on, & where before he Ran he Flyes:
The Willing Gates wth Eager Wishes Views,
And as his hopes Revive his Speed Renews:
Till The Long'd Ports Conceale his Future Fate,
And Vengance stops at That Pacifick gate.
The Eager Hebrew does his Speed Commend,
His Fruitless Fury Spent hes now a Friend,
Anger Should Stop wth Law, and Still wth Justice End.

Thus

Daniel Defoe: «Meditations». Handschrift

lischen Komödien der Restaurationszeit, insbesondere den sehr lockeren Sitten des Publikums. In seiner wichtigen Schrift *Der vollkommene englische Gentleman (The Perfect English Gentleman)* empfiehlt er die damals übliche kontinentale Bildungsreise nach Italien und Frankreich, die so genannte Grand Tour – entweder real oder «im Kopf» mit Hilfe von Reiseliteratur.[8] Hat Defoe, der zeitlebens gern und viel gereist ist, vor dem Eintritt ins Berufsleben eine solche Reise tatsächlich unternommen? Wir wissen es nicht; manches spricht dafür, dass er den größten Teil des Jahres 1680 für eine weite Reise in Begleitung eines Freundes aufgewendet hat; jedenfalls ist für diese Zeit sein Aufenthalt in London nicht dokumentiert.[9] Den möglichen Verlauf jener Expedition hat man zu konstruieren versucht anhand der Reisebeschreibungen in seinen Romanen *Memoiren eines königstreuen Offiziers (Memoirs of a Cavalier)* und *Roxana*, doch kann es sich dabei auch um angelesene Ortskenntnisse handeln.

Solche Ortskenntnisse hat er von Italien, von dem er ganz und gar nicht begeistert ist. In den *Memoiren eines königstreuen Offiziers* wird an den Italienern als Südländern kein gutes Haar gelassen, weil sie sich ganz der Unbeherrschtheit, Rachsucht und dem Lotterleben verschrieben hätten und sich durch Stolz, Niedertracht und Bigotterie hervortäten.[10] Natürlich lässt er Rom nicht unkommentiert. Diese Stadt ist wegen *der Schwärme von Geistlichen aller Sorten einerseits und d[er] schurkischen Haufen gemeiner Leute andererseits [...] als Wohnort eine der unangenehmsten Stätten der Welt*.[11] Es ist für den englischen Italienbesucher unfassbar, dass an einer Straßenkreuzung in Rom ein Streit zwischen zwei bedeutenden Familien entsteht über die Frage, welche Kutsche die Vorfahrt hat; im Verlauf der Auseinandersetzung werden sechs Personen getötet, drei weitere verwundet, und die beiden Damen in den Kutschen erleiden einen Schock. In seinen Romanen ergießt sich protestantischer Hohn auf ein degeneriertes, dem Aberglauben verfallenes Papsttum.[12] Italien erscheint wie ein großes *Theater, wo die Religion als große Oper aufgeführt wird, bei der der papistische Klerus die Schauspieler stellt*[13]. Neapel nennt er einmal *die schönste Stadt der Welt*[14], lässt aber Roxana auch Kritik am leichtlebigen, verführerischen Charakter der Neapolitanerinnen üben. Die Vermutung hat wieder einiges für sich, dass Defoe in dieser Stadt ein Erlebnis hatte, das als biographische Basis für eine sehr lebendig wiedergegebene Szene in den *Memoiren eines königstreuen Offiziers* gedient haben kann. In naiver Unerfahrenheit lässt sich dort der Erzähler von einer Kurtisane nach Hause einladen. Er ist von ihrem vornehmen Wesen und ihrer charmanten Kultiviertheit fasziniert, bis er plötzlich an ihren ungenierten Gesten bemerkt, dass sie die Absicht hat, ihn zu verführen. Daraufhin, so erzählt er, *war ich wie vom Donner gerührt, [...] der Ort erfüllte mich mit Entsetzen, und ich war völlig aufgewühlt und verwirrt*[15]. In seiner Unsicherheit und im Gefühl, überrumpelt worden zu sein, will er die Dame bezahlen und sich so aus der verfänglichen Lage befreien. Sie aber bereinigt die Situation durch elegante Höflichkeit. Ein Erlebnis, das den Puritaner Defoe ebenso fasziniert wie beunruhigt haben mag.[16]

Mit Sicherheit hat Defoe Paris kennen gelernt; denn wegen ihrer Konkurrenz mit London hat ihn die französische Metropole besonders interessiert. Auch einen Besuch von Versailles ließ er offenbar nicht aus, wo der grandiose Spiegelsaal bereits im Entstehen begriffen war. Von Paris scheint man allerdings hastig aufgebrochen zu sein. Gibt es dafür einen konkreten biographischen Grund? Als solcher ist ein Duell vermutet worden, dem sich Defoe nicht habe entziehen können.[17] Es ist nämlich sehr auffällig, dass drei seiner Romane ein Duell ohne Sekundanten in der Pariser Gegend beschreiben, woraufhin der Duellierende flieht, da er für diese Unbeherrschtheit die Todesstrafe fürchten muss.[18] Interessant ist zudem, dass Defoe sich später strikt gegen die Unsitte des Duellierens ausgesprochen, sie als Mord bezeichnet und hinzugefügt hat: *[...] ich spreche nie davon, ohne meine eigene Reue im Hinblick auf diese Sache zu bekunden*[19] – etwa, wie Bastian vermutet, weil er seinen Gegner tödlich verletzt hat? Wie dem auch sei, Defoe unternahm jedenfalls noch zahlreiche weitere Reisen. Noch in seiner Jugend bekam er einmal auf einer Schiffsreise Tuchfühlung mit algerischen Piraten, die ihn um

Der Bau des Schlosses
von Versailles.
Gemälde von Adam Frans
van der Meulen, um 1679.
Windsor, Royal Collection

seine mitgeführten Waren erleichterten. Später lernte er etwa das südliche Spanien mit Sevilla und Cádiz, das westliche Mittelmeer, Irland, Holland und die Hansestadt Hamburg kennen, auch Bordeaux und Marseille sind ihm offenbar aus eigener Anschauung bekannt.[20]

Ein ungeplantes Zwischenspiel im Schuldgefängnis

Defoe hatte seine berufliche Entscheidung getroffen; dem Willen seines Vaters, presbyterianischer Prediger zu werden, vermochte er zwar nicht zu entsprechen, aber wenn er eine Karriere als Kaufmann begann, folgte er doch immerhin dessen beruflichem Beispiel. Er betrieb keinen Einzelhandel mit verschiedenartigen Waren, sondern kaufte etwa Strumpfhosen und andere Wirkwaren und verkaufte sie en gros. Noch wichtiger aber war ihm der Handel mit importierten Weinen und Weinbränden.[21] Auch unterhielt er transatlantische Handelsbeziehungen zu den englischen Kolonien in Amerika.[22] Dorthin exportierte er Gemischtwaren und importierte den auf Plantagen daselbst angebauten Tabak. Die kaufmännische Welterfahrung bedeutete für ihn Bildung, während er von der traditionellen humanistischen Schulung nie viel gehalten hat.[23] Schon früh war es sein sehnlicher Wunsch, ein «Gentleman» zu werden, denn er war überzeugt, dass sich der wahre Adel nicht der Abstammung, sondern mutigem, gemeinnützigem Handeln, geistiger Überlegenheit durch Wissen und Bildung sowie *einem großmütigen Herzen und höflichem Benehmen*[24] verdanke. Den Beruf des Kaufmanns hielt er dafür sehr geeignet, er erschien ihm sogar als *die vornehmste Lebensart*[25], deswegen hat er sich anfangs ganz mit ihm identifiziert. Doch trieb ihn noch ein weiterer Gedanke um. Er deutet einmal an, dass er von der Idee, Bücher zu schreiben, fasziniert sei, weil man mit ihnen *zur ganzen Welt*[26] sprechen könne. Auch im Kaufmannsstand empfindet sich Defoe als Intellektueller, der unter «Buchhaltung» eher die Vergrößerung seiner Bibliothek und die Abfassung eigener, für den Druck bestimmter Texte als die kaufmännische Buchführung versteht. Dies und die Tatsache, dass er gar keine entsprechende kaufmännische Lehre absolviert hatte, sondern in diesem Beruf dilettierte, musste ihn allerdings über kurz oder lang in eine finanzielle Katastrophe treiben.

Bald nach seiner beruflichen Konsolidierung gründete er einen eigenen Hausstand. Mitten im Winter 1683/84, dem kältesten seit Menschengedenken, als man auf der Themse Schlittschuh laufen konnte, heiratete er die zwanzigjährige Mary Tuffley. Als einzige Tochter eines begüterten protestantischen Zimmermanns brachte sie eine stattliche Mitgift in die Ehe. Sie gebar ihm nicht nur acht Kinder, von denen sie sechs großziehen konnte, ihr gelang es auch, die Familie selbst in extrem schwierigen Zeiten zusammenzuhalten. Trotz größter

Jahrmarkt auf der zugefrorenen Themse in London bei Temple Stairs, Winter 1683/84. Gemälde von Abraham Hondius, um 1684. London, Museum of London

Belastungen und gewisser Anzeichen einer späten Krise sollte diese Ehe ein Leben lang Bestand haben.

Für sein Handelsgeschäft wählte Defoe ein Haus in unmittelbarer Nähe der Londoner Börse, für das er eine hohe Miete zu zahlen hatte. Im Erdgeschoss waren die Waren gestapelt, darüber befand sich sein Kontor, die oberen Stockwerke bildeten den Wohnbereich, und die importierten Weine lagerten wohl im Keller.[27] Für Haus und Geschäft leistet er sich fünf Bedienstete. Auch das Bürgerrecht der Londoner City hat er sich gekauft. Zudem hatte er ein Handelsschiff mit dem viel sagenden Namen «Desire» erworben. Doch leider geriet dies Schiff mitsamt seiner Ladung unter mysteriösen Umständen in Verlust, offenbar weil es gekapert wurde.[28] Wenig später entschließt er sich, einen Pachtvertrag für ein Grundstück in einem ungesunden Sumpfgebiet an der Themse bei Tilbury (Essex) abzuschließen, wofür er sich fast die Hälfte des benötigten Geldes leihen muss. Wenn er dafür 6 Prozent Zinsen zu zahlen hatte, durch die Verpachtung des Grundstücks aber nur 5 Prozent Rendite erwarten konnte, so zeugt dies von mangelndem Realitätssinn und von seiner Unfähigkeit, Gewinn bringend zu wirtschaften.[29] Defoe hatte sich nämlich erhofft, dass die Stadt London bald an diesem Stück Land für Erweiterungen ihrer Befestigungsanlagen interessiert sei. Doch diese Spekulation erwies sich leider als unrealistisch.

Inzwischen hatte er auch ein Landhaus erworben mit einer Zweispännerkutsche als dem dazugehörigen Statussymbol seiner Zeit.[30] Zugleich machte er die verschiedensten Versuche, durch Spekulationen zu schnellem Geld zu kommen. Doch die Anzeichen, dass er sich längst finanziell übernommen hatte, mehrten sich in bedrohlicher Weise. Statt des erhofften Erfolgs brachten ihm die Spekulationen Verluste. Und die Idee, eine Schiffsversicherung zu gründen, war auch nicht der genialste Einfall, sie wurde vielmehr zu einem gewaltigen Flop, weil während eines Krieges mit Frankreich im Jahre 1692 viele Schiffe verloren gingen. So musste er sich fragen: War es klug, so viele Dinge gleichzeitig zu beginnen? War es vertretbar, viel Zeit auf Lektüre und Schriftstellerei zu verwenden, anstatt sich um die Probleme der eigenen Firma zu kümmern? Später wird er seine Leser vor solcher Unbedachtheit warnen: *Wenn ein Geschäftsmann seinen Neigungen nachgeht [...] ist es ihm u. E. egal, ob [sein Geschäft] gut geht oder nicht. Und vor allem: es zeigt sich, daß er nicht mit dem Herzen bei seinem Geschäft ist, daß es ihm keine wirkliche Freude bereitet. Für einen echten Kaufmann gibt es keine größere Freude als die an seinem Geschäft und an seinem finanziellen Erfolg.*[31] Hinzu kam noch seine ohnehin amateurhafte Buchhaltung, und einige Geschäftspartner haben dies zu Betrügereien weidlich ausgenützt. So ließ er sich auch jetzt noch, in prekärer Situation, auf sehr zweifelhafte Projekte ein. Je größer seine Schwierigkeiten wurden, desto mehr wuchs seine Bereitschaft, einen noch höheren Einsatz zu wagen. Der eigentliche Auslöser für die erste Katastrophe in seinem Leben waren zwei fatale Fehlinvestitionen. Mit einer Taucherglocke erhoffte er sich die Bergung von Schätzen in gesunkenen Schiffen, was sich jedoch als neuerlicher Missgriff erwies. Ferner entschloss er sich, von einem vor dem Bankrott stehenden Kaufmann etwa 70 Zibetkatzen zu erwerben, obwohl er für den Kauf dieser Tiere mitsamt den Käfigen und weiterer Ausrüstung hohe Kredite aufnehmen musste. Diese Katzen waren begehrt wegen des von ihnen produzierten moschusähnlichen Duftstoffes Zibet, der damals zur Parfümherstellung benützt wurde. Aus Defoes erhofftem Gewinn wird aber nichts; seine Lage ist verzweifelt, er wird zahlungsunfähig. Die Katastrophe konnte auch nicht dadurch abgewendet werden, dass er diese Tiere an seine eigene Schwiegermutter unter nicht ganz durchsichtigen Umständen weiterverkaufte.[32] So erleidet er noch im Jahr 1692 das Schicksal eines Bankrotteurs, und dies bedeutet zu seiner Zeit den sozialen Tod. Der Schuldenberg mit 17 000 Pfund ist immens. Wenn man bedenkt, dass zum Beispiel das Jahreseinkommen eines Handwerkers ganze 38 Pfund betrug[33], kann man sich die Höhe von Defoes Schulden gut vorstellen. Dennoch hatte er die feste Absicht, den Gläubigern seine Verbindlichkeiten zurückzuzahlen. Die Folge war jedoch, dass sein Name nicht nur in der Londoner «Gazette» zu lesen war, sondern dass er ins Schuldgefängnis gesperrt wurde. Das konnte zu seiner Zeit unbegrenzte Haft bedeuten. Viele flüchteten aus einer solch verzweifelten Lage in den Tod. Man versuchte im Fall Defoes, mit den Gläubigern zu einem Kompromiss zu kommen, doch vier von ihnen stimmten ihm nicht zu und blieben hart. Daher konnte er sich glücklich schätzen, dass er wieder frei kam, doch musste er sich vor seinen Gläubigern verstecken. Die Familie dagegen fand Zuflucht bei Defoes zuvor von ihm offenbar finanziell hintergangener Schwiegermutter. Wie man sich als verfolgter Schuldner fühlt, beschreibt er eindringlich als *elendes, angstvoll verwirrtes Leben [...], die qualvollen Belästigungen, die man des Geldes wegen erdulden muß, die [erbärmlichen] Notbehelfe, zu denen man zum Überleben gezwungen ist*[34].

Doch zum komplexen Charakterbild Defoes gehört auch die Tatsache, dass er niemals aufgibt, sich immer wieder aufrafft und sich weder auf Hilfe von außen noch von oben verlässt, sondern trotz seiner Religiosität wie später sein Robinson nach der Devise handelt: «Hilf dir selbst, so hilft dir Gott.» Als probates Mittel, vor den Gläubigern wenigstens eine Zeit lang sicher zu sein, bietet sich eine freilich höchst entbehrungsreiche Reise in den äußersten Norden an. Oftmals erschien ihm die Tatsache, dass er etwas zu essen hatte, wie ein *Wunder*[35]. Das Inselleben auf den Orkney- und Shetland-Inseln bot ihm die Möglichkeit, den inneren Frieden wieder zu finden. Der von Frank Bastian geäußerte Gedanke, dass Defoe wohl hier erstmals Sinn für das Leben auf einer Insel entwickelt haben dürfte, ist nahe liegend, zumal einige nautische Details in *Robinson Crusoe* an die Gegebenheiten der Orkney-Inseln erinnern.[36] Doch es scheint, dass seine kaufmännische Misswirtschaft noch auf ganz andere Weise als wesentliche Voraussetzung gerade für seine Romane diente. Er lernt die Verzweiflung und die menschlichen Abgründe aus eigener Erfahrung kennen.[37] Defoe erlebt selbst, dass einem in aussichtsloser Lage die schlimmsten Gedanken kommen. Später lässt er einmal einen Bekannten einen Albtraum berichten, von dem dieser schweißgebadet erwacht und erleichtert feststellt, dass es nur ein Traum gewesen ist. Als er ein Kind mit einem kleinen

Ansicht von Nithsdale und Drumlanrig im Norden Schottlands. Aquarell von Paul Sandby, 1751

Goldsack gewahrt, will er sich diesen schnappen. Zugleich schießt ihm der Gedanke durch den Kopf, er könne das Kind aus Sicherheitsgründen auch noch töten – den Hals ein bisschen zuzudrücken ist ja so leicht. Doch dem Träumenden wird gerade noch rechtzeitig bewusst, dass er drauf und dran ist, einen Mord zu begehen. Entsetzen packt ihn, und er erwacht. Gedanken vergleichbarer Art kamen wohl auch Defoe in seiner Verzweiflung, wie Bastian mit gutem Grund vermutet, weil sein Vater von seiner dritten Frau noch ein erbberechtigtes Kind hatte.[38]

Erstaunlicherweise gelingt es Defoe nach einiger Zeit, seine finanzielle Katastrophe zu überwinden. Dafür kam ihm auch die Tatsache zugute, dass er in die Kommission für die Steuer auf Glaswaren gewählt wurde. Hinzu trat später noch das Angebot einer Mitarbeit bei den Lotterien. Es gelang ihm auch, einen Teil seines früheren Landbesitzes bei Tilbury nahe der Themsemündung zurückzukaufen.[39] Dort aktivierte er eine bereits bestehende Ziegelmanufaktur, die neben Backsteinen auch die S-förmigen Dachziegel herstellte, die man bisher aus Holland importiert hatte. Viele Versammlungshäuser der Puritaner wurden gerade mit diesen Ziegeln gedeckt, und man kann daher annehmen, dass er auch lukrative Aufträge von eigenen Glaubensbrüdern erhalten hat. In der Tat florierte die Manufaktur auch einige Jahre. Er bot damit Arbeit für 100 arme Familien und erwirtschaftete einen jährlichen Gewinn von 600 Pfund. So reduzierten sich seine Verbindlichkeiten, ja er konnte sogar den größten Teil seines Schuldenbergs zurückzahlen. Inzwischen hat er auch seinen Namen «Foe» in «Defoe» geändert[40]; es galt, seinen Anspruch auf den Status eines Gentleman zu unterstreichen. Seine Frau und die zahlreichen Kinder werden ihn freilich in jener Zeit nicht oft zu Gesicht bekommen haben, da er auch eine politisch bedeutsame Karriere begonnen hatte. Nachdem er bereits in diversen Pamphleten zu politisch aktuellen Themen Stellung bezogen hatte, wagte er es nämlich nun, den direkten Kontakt mit dem von ihm so sehr bewunderten König Wilhelm zu suchen. Es gelingt ihm, dessen Vertrauen zu gewinnen, und die beiden beraten über die politische Lage unter dem Mantel der Verschwiegenheit. Defoe der Verschwiegene – eine neue Facette seiner komplexen Persönlichkeit! Um die Frage zu beantworten, wie ihm dieser überaus kühne Schritt gelungen ist und was er für ihn selbst und für England bedeutete, müssen wir uns zunächst kurz den Verlauf der jüngsten politischen Entwicklung vergegenwärtigen.

DEFOE BETRITT DIE POLITISCHE BÜHNE

Defoes Leben fällt in eine bedeutende Phase der englischen Geschichte. Schon vor einiger Zeit hatten sich zwei große politische Gruppierungen gebildet, die seit 1679 die Namen Tories und Whigs tragen. Die Tories bekannten sich zur Begründung der Monarchie durch göttliches Recht sowie zur Einheit von Kirche und Staat. Einen Widerstand gegen die königliche Gewalt hielten sie für unerlaubt. Anders die Whigs: Sie bestritten die göttliche Legitimation der königlichen Autorität, nahmen protestantischen Widerstand für sich in Anspruch, sie waren bereit, den Dissenters eine politische Heimat zu gewähren, und sie wachten besonders über die Erhaltung der bisher erzielten englischen Freiheiten. Das Misstrauen gegen den König fand eine Berechtigung in der oft undurchsichtigen Politik Karls II., der sich Ludwig XIV., den französischen (und katholischen) Sonnenkönig, der ihm Exil gewährt hatte, zum Verbündeten gegen das protestantische Holland macht und sich heimlich zum Katholizismus bekennt. Sein katholischer Bruder Jakob wagt es sogar, öffentlich die Messe zu besuchen. Musste man daher nicht befürchten, der Katholizismus werde wieder eingeführt, besonders als es hieß, die Katholiken hätten einen Umsturz geplant («Popish Plot»)? Drohte nicht eine Zurücknahme der bisher erreichten politischen Rechte und Freiheiten? Papsttum und Versklavung galten jedenfalls als Synonyme.

Als dann der uneheliche Sohn Karls II., der Herzog von Monmouth, als Protestant einen Anspruch auf die Krone erhob, bekräftigte Karl die traditionelle These: Der König ist nach göttlichem Recht eingesetzt, ihm gebührt daher die abso-

Ludwig XIV.
Gemälde von Hyacinthe
Rigaud, 1701. Paris,
Musée du Louvre

lute Gefolgschaftstreue. Der Herzog musste fliehen, und die Dissenters fühlten sich wieder in hohem Maße gefährdet, auch deshalb, weil sich besonders in Frankreich die Stimmung erneut gegen die protestantischen Hugenotten richtete. Schreckensmeldungen über äußerst brutale Verfolgungen der Hugenotten nach der Aufhebung des Edikts von Nantes gelangten nach England, wo viele verjagte Anhänger dieser Glaubensrichtung Zuflucht gefunden hatten. Vollends gefährlich wurde die Lage für die Dissenters, als Karl II. 1685 starb und ihm sein Bruder als Jakob II. auf dem Thron folgte.

Wie verhielt sich nun der politisch interessierte und engagierte Defoe in dieser äußerst prekären Situation? Er war überzeugt, dass Jakob nicht das Recht auf die Krone beanspruchen konnte. Dennoch blieb er zeitlebens ein Befürworter der Monarchie. Als der Herzog von Monmouth aus seinem Exil zurückkehrte und eine offene Rebellion gegen Jakob anzettelte, schloss sich der junge Defoe dem Kronprätendenten zeitweise an. Dies war äußerst gefährlich; die Truppe des Herzogs wurde denn auch in einer blutigen Schlacht völlig aufgerieben; die Anführer der Rebellion wurden hingerichtet, und auch der Herzog selbst verlor anschließend sein Leben durch den brutalen Racheakt einer öffentlichen Enthauptung. Indem Defoe sich bei dieser Rebellion persönlich engagiert, greift er erstmals direkt in die hohe Politik ein und gibt zugleich eine Probe seines Wagemutes. Allerdings hat er sicher nicht an der entscheidenden Schlacht teilgenommen, sondern hat bei diesem Engagement doch auch Vorsicht walten lassen. Entweder hielt er sich eine Zeit lang versteckt oder zog es vor, was wahrscheinlicher ist, sich mit seiner Frau im von ihm so geschätzten Holland aufzuhalten. Offenbar von Holland aus sucht er dann eigens um Begnadigung an; sein Name wird tatsächlich auch in den königlichen Begnadigungserlass aufgenommen.[41]

> **Die Hugenotten**
> Nach blutigen konfessionellen Bürgerkriegen erhielten die vom Calvinismus geprägten französischen Protestanten von König Heinrich IV. im Edikt von Nantes (1598) politische Sonderrechte und die Freiheit der Religionsausübung. Während jene bald mehr und mehr eingeschränkt wurden, beschnitt später Ludwig XIV. auch ihre Religionsfreiheit entscheidend. Als Folge wanderten über 200 000 Hugenotten aus, u. a. nach England, wo sie einen bedeutenden Wirtschaftsfaktor bildeten.

Jakob verfolgte insgesamt eine recht unkluge Politik. Er versuchte zwar, die Dissenters auf seine Seite zu ziehen, doch agierte er wie ein absolutistischer Monarch, sodass er selbst die Tories vor den Kopf stieß. Einen gewissen Trost empfand man allgemein darin, dass seine Tochter Maria protestantisch war. Doch plötzlich wurde die Nachricht verbreitet, die Königin erwarte ein Kind. Dies ließ die Furcht vor einem katholischen Thronfolger aufkommen, und Defoe witterte ebenso wie die Protestanten insgesamt dahinter einen *glatten Betrug*[42]. Die Whigs und die gemäßigten Tories beriefen daher im November 1688 Marias Gemahl, den Holländer Wilhelm III. von Oranien, zum neuen englischen König. Wilhelm landet mit seiner

Wilhelm III.
Gemälde eines
unbekannten
Künstlers nach
Sir Peter Lely,
1677. London,
National Portrait
Gallery

Streitmacht an der englischen Küste. Da Jakob diesmal eine Schlacht für aussichtslos hält, zieht er es vor, mit seiner Familie vorsorglich nach Frankreich zu fliehen. Dort sammelt er ein Heer und stellt sich im Jahr 1690 im vorwiegend katholischen Irland den Truppen Wilhelms von Oranien an einem Fluss namens Boyne, wo er in einer Schlacht geschlagen wird, die die nordirischen Protestanten des Oranierordens bis heute jedes Jahr mit großem Gefühlsaufwand als Sieg feiern.

Wilhelm und Maria regieren gemeinsam. Nicht nur erhalten die Dissenters kirchliche Freiheiten und eine gewisse Sicherheit durch die Toleranzakte, sondern der König unterzeichnet 1689 auch die so genannte Bill of Rights. Damit sollte das Verhältnis von König und Parlament auf lange Zeit geregelt werden. Diese Lösung eines Konflikts ist als «Glorreiche Revolution» in die Geschichte eingegangen. «Glorreich» wird sie genannt, weil die Rechte des Volks unblutig durchgesetzt werden konnten.

Nun hatten sich allerdings die Machtverhältnisse zugunsten des Parlaments verschoben. Keineswegs aber hatte dieses damit die uneingeschränkte Souveränität erlangt. Es entstand daher ein langer Streit über die genaue Abgrenzung der Machtbefugnisse von Parlament und König. Der König hatte noch immer wesentliche Rechte; er konnte nach seinem Gutdünken das Parlament einberufen und dessen Sitzungsperiode beenden, er ernannte die Minister, leitete die Außenpolitik und hatte somit auch die Entscheidung über Krieg und Frieden. Den Whigs gingen diese Rechte begreiflicherweise viel zu weit. Dem jungen Defoe erschien andererseits die Macht des Königs noch zu gering; denn obwohl er als Dissenter ein Sympathisant der progressiven Whig-Partei war, konnte er sich an der Spitze der Regierung nur eine willensstarke politische Persönlichkeit vorstellen[43], die auch notfalls zu einem Krieg bereit war. Er hielt allerdings einen ausreichenden Schutz gegen Machtwillkür für unerlässlich; einen Tyrannen dürfe es auf keinen Fall geben.[44]

Der «Echte Engländer» und seine politischen Rechte

In ihrer Absicht, die Rechte des Königs mehr und mehr zu beschränken, nützen die Whigs die Tatsache aus, dass Wilhelm kein Engländer ist. Als Sympathieträger kann man ihn ja nicht gerade bezeichnen: Ihm fehlen Ausstrahlung und politisches Charisma. In dieser Situation greift Defoe mit seiner eigenen Feder erstmals direkt in die politische Willensbildung seiner Zeit ein. Er sieht sich nicht mehr nur als Geschäftsmann, sondern hat den Ehrgeiz, mit seiner journalistischen Begabung, die er mit Pamphleten bereits bewiesen hatte, von nun an die öffentliche Meinung zu beeinflussen, also propagandistisch tätig zu sein. So übt er öffentliche Kritik an der starren Abwehrhaltung der Whigs gegenüber Wilhelm und beschließt, für diesen König Stimmung zu machen. Eine starke, handlungsfähige Regierung sei nötig, nicht zuletzt deshalb, weil

Frankreich unter Ludwig XIV. sich als großer außenpolitischer Rivale verhalte und man geradezu eine französische Invasion befürchten müsse, denn Ludwig habe ein Interesse daran, auch in England der katholischen Sache zum Sieg zu verhelfen.

Mit bezeichnender Entschlossenheit geht Defoe in dieser Lage im Jahr 1700 sogar so weit, sich dem König als Berater anzutragen. Defoe lernt ihn schätzen als einen Mann *tiefster Frömmigkeit, Aufrichtigkeit und ungeheuchelter Religiosität* [45]. Auch Wilhelm muss bald zu ihm Vertrauen gefasst, eine Sympathie muss sich zwischen den beiden entwickelt haben, die wohl auf einer gewissen übereinstimmenden Mentalität basierte. Der gesundheitlich nicht eben robuste Wilhelm ließ sich von dem dynamisch-tatendurstigen und wortgewandten Defoe offenbar schon recht bald überzeugen, dass die entscheidende Voraussetzung für das Gelingen seiner Politik in der Unterstützung durch das Volk lag und dass dies nur durch eine entsprechende Überzeugungsarbeit zu erreichen war. Defoe verfolgte sein Ziel der politischen Beeinflussung mit besonderer Energie. Was heute mit Hilfe der Medien versucht wird, die Einwirkung auf die öffentliche Meinung, wollte Defoe als früher Vertreter des Journalismus mit seinen Pamphleten, dem damaligen politischen Medium, erreichen. Wilhelm hat Defoe bei seinem Versuch einer bewussten Steuerung der öffentlichen Meinung völlig vertraut.

In einigen Schriften hatte Defoe nicht nur vor einer französischen Aggression gewarnt, sondern auch vor der Gefährdung des englischen Handels, insbesondere durch einen möglichen Zugriff Ludwigs XIV. auf die Niederlande. Im Hinblick auf die allgemein gespannte Lage bedeute dies aber auch, dass man auf einen Krieg mit Frankreich vorbereitet sein müsse. Da Wilhelms Außenpolitik, propagandistisch unterstützt von Defoe, auf ein Gleichgewicht der Mächte in Europa zielte, hatte er auf eine Große Allianz zwischen England, den Niederlanden, Österreich, Spanien, Savoyen und einigen Reichsfürsten gegen den 3. Eroberungskrieg Ludwigs XIV. (1688–97) gesetzt. Nach dem Ende des neunjährigen Krieges durch den Vertrag von Ryswick plädiert Defoe weiterhin für große Wachsamkeit

Die Entsatzschlacht vor dem belagerten Wien 1683. Im Vordergrund erstürmt König Johann III. Sobieski das Zelt des Kara Mustafa. Gemälde von Franz Geffels, 1688. Wien, Historisches Museum. Defoe verurteilte heftig den türkischen Versuch einer Eroberung Wiens und stellte sich damit in Gegensatz zu den Whigs.

und ständige Kampfbereitschaft, weshalb er vehement für die Gründung eines stehenden Heeres argumentiert. Vor einer solchen Konsequenz allerdings fürchteten sich viele Engländer, nicht nur wegen der hohen Kosten, sondern weil sie darin, wie ihre jüngste Geschichte zeigte, eine Macht im Staate erkannten, die auf Dauer die politischen Freiheiten gefährden könne. Defoe aber war alles andere als ein Pazifist, erschien ihm doch die Kriegskunst als eine besonders faszinierende menschliche Errungenschaft. Er plädiert darum für ein solches Heer und be-

stärkt damit Wilhelms Absichten. Für die Zustimmung der Öffentlichkeit zur Bemühung Wilhelms um eine entscheidende Stellung Englands in Europa hat Defoe seine meinungsbildenden Dienste geleistet, die vom König und den Whigs anerkannt werden.

Da der Oranier Wilhelm in England jedoch noch immer ein unbeliebter König ist, verfasst Defoe noch im ersten Jahr des neuen Jahrhunderts eine berühmt gewordene Dichtung: *Der Echte Engländer (The True-Born Englishman)*. In ihr will er das Volk der Holländer sozusagen aufwerten, indem er die Engländer den anderen europäischen Nationen gegenüberstellt. Er lässt die stereotypen Vorstellungen, die die Völker voneinander hatten, Revue passieren.[46] Demnach galten die Deutschen als Trunkenbolde, die Italiener als Lüstlinge, denn sie leben in der *heißen Zone, wo Vergewaltigung* und *Sodomie*[47] verbreitet sind. Die Franzosen erkennt man an *unbeherrschter Leidenschaft, sie sind eine tanzende Nation, wetterwendisch und nicht wahrhaftig*[48]. Und so geht es weiter in diesem Völkerreigen. Wie nimmt sich dagegen die englische Nation aus? Wer sie beurteilen will, daran erinnert Defoe, sollte nicht vergessen, dass das Land anfangs eine Beute für alle anderen Nationen war, die es überfielen und sich mit dessen Bewohnern vermischten: *Jede Nation, die Englands Kräfte schränkte ein,/ Bracht' eigne Sprach' und Sitten neu hinein [...]/ Ein unsich'res, recht ungleiches Volk ist so entstan-*

31

den,/Indem sich alle Nationen in ihm verbanden [...] «Ein echter Engländer» ist ein Widerspruch,/Ironisch' Wort und Wahrheitsbruch.[49] Wie undankbar verhalten sich die Engländer gegen Fremde, vor allem gegen die Holländer und besonders gegen König Wilhelm, vergessen sie doch darüber, dass schon sehr lange viel ausländisches Blut in ihren Adern fließt und sie eine gemischte Nation bilden. Schon deshalb sei die Idee eines waschechten Engländers lächerlich: sie sind doch fast alle Ausländer.[50] Was den Menschen wirklich groß mache, sei gewiss nicht seine Zugehörigkeit zu irgendeiner Nation, sondern – ganz im Sinne des römischen Satirikers Juvenal – nur *persönliche Tugend*[51].

Dieser kühn satirische Ton, verbunden mit oft geistreichem sprachlichem Witz und einer bereits aufklärerischen Haltung, brachte Defoe einen ersten großen literarischen Erfolg. Das Werk wurde äußerst populär und erlebte innerhalb weniger Monate zehn Auflagen. Mit gehörigem Stolz blickte Defoe auf diese plötzlich erreichte Bekanntheit, und in späteren Publikationen nannte er sich denn auch den *Autor des Echten Engländers*. Er war sich aber auch der unerwünschten Nebenwirkung bewusst, dass ihm nun zugleich der Ruf einer berüchtigten Persönlichkeit anhaftete, denn einverstanden mit dieser despektierlichen Charakterisierung des Engländers waren viele natürlich nicht.

Nach dem Tod Königin Marias im Jahre 1694, für deren Begräbnisfeierlichkeiten übrigens Henry Purcell seine bekannte, tief melancholische Trauermusik komponiert hat, regierte Wilhelm III. allein. Merklich hatten jedoch seine physischen Kräfte nachgelassen, und daher wurde für ihn, den kinderlosen Witwer, die Thronfolgefrage aktuell. Es war seine Idee, dass nach dem Tod Annas (einer protestantischen Tochter Jakobs II.) das protestantische Haus Hannover gerufen werden sollte, das durch eine Tochter Jakobs I. mit dem englischen Königshaus verwandt war. Defoe engagierte sich sehr für diese Idee Wilhelms. Bei alledem hatte sich die Auffassung des Königtums inzwischen gründlich gewandelt. Eine politische Schrift John Lockes hatte die neue Haltung klar definiert: Der

König hat die Krone in einer Art Treuhandschaft erhalten; das Verhältnis von König und Volk ist somit nur noch rein praktischer Natur. Defoe dagegen glaubt zwar auch nicht mehr an ein göttliches Erbrecht der Krone, aber doch noch an einen göttlichen Auftrag des Königs. Diese Auffassung sucht er mit der langen gereimten Dichtung *Nach göttlichem Recht (Jure Divino)* zu beweisen, an der er etliche Jahre arbeitet.[52]

Noch im Jahr 1701 stirbt Jakob II. im Exil. Sein Sohn Jakob Eduard wird bereits von Ludwig XIV. als neuer rechtmäßiger englischer König anerkannt. Doch das Unterhaus bleibt in dieser Lage untätig. Da versuchen fünf zornige Männer aus der Grafschaft Kent durch eine Petition das Parlament zu einem entschiedenen Engagement zu bewegen. Freilich ohne Erfolg, denn das Parlament mit einer Tory-Mehrheit lässt die Männer ohne gesetzliche Grundlage kurzerhand ins Gefängnis werfen. Dies erbittert Defoe derart, dass er unmittelbar darauf mit einer eigenen Schrift gegen besagte Aktion des Parlaments protestiert. In einem provozierenden Text mit dem kryptischen Titel *Denkschrift der Legion (Legion's Memorial)* kritisiert er das Unterhaus im Namen der gesamten Wählerschaft. In seiner Argumentation beruft er sich auf *das Grundgesetz der Vernunft*[53]. Jede Macht, sagt er, die sich über das Gesetz stellt, ist tyrannisch und muss es sich daher gefallen lassen, direkt vom Volk in einer Aktion dieser Art kontrolliert zu werden. Der neue Speaker des Unterhauses, Robert Harley, mit dem Defoe später politisch eng verbunden sein sollte, war bass erstaunt über den aggressiven Ton und die heftige Kritik der anonymen Schrift. Doch Defoe hat Erfolg; die Überbringer der Petition werden sofort aus dem Gefängnis entlassen. Wer der Verfasser der Denkschrift war, galt bald als offenes Geheimnis, und von nun an hielten die Regierenden Defoe für politisch gefährlich. Seine Aktion war ebenso kühn wie seine «Unterschrift»: *Unser Name ist Legion, denn wir sind viele.* Die damaligen Leser identifizierten sie nämlich unschwer als ein Evangelienzitat – doch was für eines! Man stelle sich vor: Defoe nimmt für sich die Worte eines Oberteufels einer Schar von Dämonen in Anspruch, die Jesus aus einem Besessenen austreibt und die er

Daniel Defoe. Kupferstich von Michiel van der Gucht nach Jeremiah Taverner, 1706. Frontispiz der Erstausgabe von «Jure Divino», 1706

dann in eine Schweineherde fahren lässt. Es sollte daher auch nicht lange dauern, bis Defoe selbst von seinen Gegnern unter Anspielung auf dieses Zitat das Attribut «Teufel» als Retourkutsche erhielt. Nach der Auflösung des Parlaments durch den König und nach einer Neuwahl setzt sich die politische Überzeugung, für die Defoe gewirkt hatte, durch, es sei der Einmischung Frankreichs mit Gewalt entgegenzutreten. Voller Stolz konnte er jetzt von sich sagen, dass er zu einem wichtigen politischen Faktor geworden war. Einen Eindruck von seiner persönlichen Erscheinung in jener Zeit vermittelt das Frontispiz-Porträt zur Dichtung *Nach göttlichem Recht*. Wegen der ausladenden Allongeperücke ist es zwar nicht leicht, aus dem

Gesicht irgendwelche Charakterzüge abzuleiten; es lässt die Möglichkeit verschiedener Deutungen offen. Auffallend ist jedoch der sehr ernste Ausdruck, verbunden mit kraftvoller, aggressiver Energie, starkem selbstbewusstem Willen, wozu sich noch entschlossener Trotz gesellt. Sein spitzes Kinn, das in diesem Porträt freilich geschönt ist, bietet dazu die optische Entsprechung. Seinen eisernen Willen wird er in Kürze sehr gut gebrauchen können.

DEFOES TIEFSTER FALL
UND SEINE «ERHÖHUNG» AM PRANGER

Nicht lange nachdem Wilhelm das neue Parlament 1702 mit einer wirkungsvollen Rede eröffnet hatte, fiel er unweit des Hampton Court-Palastes vom Pferd und starb wenige Tage später. Was der plötzliche Tod dieses frommen, pflichtbewussten und engagierten Königs für Defoe bedeutete, wie tief er diesen auch persönlichen Verlust empfand, ist kaum überzubewerten. Doch die Weltpolitik nahm ihren Lauf. Auf den Thron folgte, der Nachfolgeregelung entsprechend, Jakobs zweite Tochter Anna. Da sich die Whigs wie die Tories im Widerstand gegen Frankreich nach wie vor einig waren, erklärten England und die mit ihm verbündeten Staaten der zweiten Großen Allianz dem französischen Rivalen sofort den Krieg, einen Krieg, der als der «Spanische Erbfolgekrieg» in die Geschichte eingehen sollte und bei dem sich der Herzog von Marlborough durch glänzende Kriegführung und eindrucksvolle Siege, vor allem in der Schlacht von Blindheim (engl.

Der Spanische Erbfolgekrieg 1701–1714 Europäischer Krieg um das Erbe des letzten spanischen Habsburgers Karl II. Ludwig XIV. von Frankreich erhebt Ansprüche für seinen Enkel Philipp von Anjou. England und Holland bilden die Große Allianz mit dem Kaiser gegen Frankreich. Die Franzosen und Bayern werden durch Prinz Eugen und den Herzog von Marlborough bei Höchstädt und Blindheim (Blenheim) im Jahre 1704 besiegt.
1710 setzen die an die Macht gekommenen Tories den Herzog von Marlborough trotz seiner glänzenden Siege ab.
Nach weiteren Niederlagen Frankreichs folgt 1713 der Friede von Utrecht.
Mit dem Kriegsende 1714 gewinnt Großbritannien von Frankreich Neufundland, Neuschottland und die Hudsonbai-Länder, Gibraltar und Menorca.

Blenheim) auszeichnete. Allerdings musste Defoe bald erkennen, dass sich, nicht zuletzt wegen eines Zugewinns der Tories bei Parlamentsneuwahlen, die innenpolitische Situation verändert hatte und sein politischer Einfluss durch Wilhelms Tod mit einem Mal entscheidend geschwächt war. Denn Anna zeigte sich von Defoe völlig unbeeindruckt; sie neigte entschieden den Tories zu.

In der veränderten politischen Lage musste man mit einer lang andauernden Tory-Mehrheit im Unterhaus rechnen. Dies bedeutete für die Dissenters erneut eine größere Bedrohung, sie wurden stärker als bisher vom öffentlichen Leben ausgeschlossen durch ein neues, ihre politische Aktivität erschwerendes Gesetz. Zudem wurde die Stimmung gegen sie noch durch einen populistischen, ja extremistischen Tory-Geistlichen angeheizt. Dieser hatte die Church of England aufgefordert, «die Dissenters mit der blutigen Flagge des Widerstandes zu konfrontieren»[54]. Wiederum fühlte sich Defoe zum Eingreifen mit seiner wichtigsten Waffe, dem Pamphlet, aufgerufen. Doch war es wirklich nur die Sorge um die Zukunft der Dissenters, die ihn erneut zur Feder greifen ließ? Bot sich nicht in einer Zeit, da Religion und Politik noch nicht strikt zu trennen waren, wiederum eine Möglichkeit zu politischer Einflussnahme und zu einem weiteren Auftritt auf der politischen Bühne? Diese Fragen stellen sich, weil er für seine Replik auf den Hetzprediger eine äußerst provokante Form wählt: Er schlüpft in die Rolle eines anglikanischen Feindes der Dissenters und plädiert für ihre Vernichtung oder Vertreibung. Die Leser dieses Pamphlets mit dem aggressiven Titel *Kurzen Prozeß mit den Dissenters!* (*The Shortest Way with the Dissenters*) trauten ihren Augen nicht, und auch heute noch weckt es höchstes Erstaunen, wenn man darin liest, nur durch brutale Härte werde man das Dissenter-Problem lösen können; wer sich nicht bekehrt, gehört *ausgerottet*.[55] Mit seiner Aufforderung, die religiöse Frage mit Gewalt zu lösen, sorgte dieser Text, der reißenden Absatz fand, für einen beispiellosen Sturm der Entrüstung. Als wenig später Defoe als Autor entlarvt war, gerieten die Dissenters in Zorn darüber, dass einer der Ihren einen solchen

Text verfassen konnte, und auch die Tories erboste die Tatsache, dass der Autor es wagte, mit ihren geheimen Wünschen sein Spiel zu treiben.

Defoe war über diese Reaktion entsetzt, denn er sah sich völlig missverstanden, wollte er doch durch die Strategie satirischer Übertreibung die Absurdität einer konsequenten Verfolgung der religiösen Abweichler bewusst machen. Dabei machte er jedoch den entscheidenden Fehler, dass er in seinen Text zu unauffällige Signale für eine satirische Decodierung einbaute. Ja, schlimmer noch: Defoe sucht in seinem Pamphlet sogar noch die Argumente zu entkräften, die gegen ein solch radikales Vorgehen sprechen. Und er wirft den Dissenters vor, sie selbst hätten äußerste Brutalität gezeigt durch die Hinrichtung eines englischen Königs. Die Leser erinnerten sich ferner daran, dass sich Defoe auch sonst in dieser oder jener Frage gegen die Dissenters gestellt hatte. Indem er als Abweichler von der Sprachregelung der Dissenters auftrat, hatte er sich schon vor dem Erscheinen dieses Pamphlets bei ihnen unbeliebt gemacht. Konnte man daher aus all den genannten Gründen und wegen einer oft unklaren Metaphorik diesen Text mit seiner Aufforderung zur Bekämpfung der Dissenters anders als Aufforderung zu brutaler Gewaltanwendung verstehen? Wie Defoe aber betont, konnte er nicht daran zweifeln, dass *die Thematik und die Wahl des Stils die Vorstellung unmöglich machten, daß der Text anders als ironisch zu verstehen sei*[56]. Sein großer Rivale Jonathan Swift, der Autor von «Gullivers Reisen», der aus der Schicht des Landadels kam und politisch den Tories zuzurechnen ist, verstand sich besser auf diese Schreibweise, als er etwa 25 Jahre später seine Satire mit dem Titel «Ein bescheidener Vorschlag» verfasste, mit der er ebenfalls zu einem gesellschaftspolitischen Problem Stellung zu nehmen suchte. Der Verfasser gibt vor, aus philanthropischer Sorge um den Bevölkerungsüberschuss Irlands sich um eine Lösung dieses Problems intensiv bemüht zu haben. Sie liege darin, den Geburtenüberschuss von 120000 Babys armer Eltern für die menschliche Ernährung zu verwenden. Denn: «Von einem sachverständigen Amerikaner meiner Bekanntschaft in Lon-

Jonathan Swift. Gemälde von Charles Jervas, 1715 / 16. London, National Portrait Gallery

don ist mir versichert worden, dass ein junges, gesundes, gutgenährtes Kind im Alter von einem Jahr eine äußerst wohlschmeckende, nahrhafte und bekömmliche Speise sei, gleichviel, ob geschmort, gebraten, gebacken oder gekocht, und ich zweifle nicht, daß es in gleicher Weise zu Frikassee oder Ragout taugt.»[57] An diesem Text ist zweifelsfrei zu erkennen, dass er nur satirisch gemeint sein kann. Aber auch Swift bekam trotz dieser satirischen Eindeutigkeit Schwierigkeiten. Defoe hingegen schrieb sich mit seinem *Kurzen Prozeß* buchstäblich in die schwerste Krise seines Lebens hinein. Zwar hat er nur auf die Hetze eines Tory-Geistlichen geantwortet, aber der Text hat, unbeabsichtigt, sein eigenes Leben schicksalhaft verändert. Dies jedoch nicht nur im negativen Sinne, denn er hat auch eine positive Voraussetzung für seine spätere literarische Laufbahn geschaffen, nämlich die Ausbildung seiner Kunst der Fiktionalisierung.[58]

Da sich Defoe durch sein Pamphlet *Kurzen Prozeß mit den Dissenters!* zu viele Feinde gemacht hat und daher fürs Erste öffentlich untragbar geworden ist, taucht er unter und wird alsbald mit folgender Beschreibung steckbrieflich gesucht: «Er ist mittelgroß, hager, etwa 40 Jahre alt, hat eine bräunliche Hautfarbe und dunkelbraune Haare, trägt aber Perücke; Hakennase, spitzes Kinn, graue Augen und ein großes Muttermal in der Mundgegend.»

Es traf ihn begreiflicherweise besonders hart, dass er gerade auch aus Kreisen der Dissenters heftig geschmäht wurde. Einer seiner Glaubensbrüder bot sich sogar persönlich an, den Dienst des Henkers zu übernehmen. Zeitweilig fand er Unterschlupf bei einem Londoner Weber; er wollte von dort die Regierung versöhnlich stimmen, indem er seine wahre Absicht zu erklären und ein Wiedergutmachungsangebot zu offerieren suchte. Doch ohne Erfolg. Als ihm in London der Boden zu heiß wurde, floh er in die Ferne, offenbar nach Schottland, natürlich unter einem Pseudonym, wobei er die Hauptstraßen, bekannte Städte und Plätze mied.[59] In Schottland war er damals noch vor dem Zugriff des englischen Rechts sicher. Die Nachrichten, die ihn dort ereilten, waren freilich alles andere als ermutigend. Sein höchst anstößiges Pamphlet wurde öffentlich verbrannt. Er musste erkennen, dass auch seine private Situation äußerst prekär zu werden begann. Was sollte aus seiner Familie mit den zahlreichen Kindern werden, wo er doch noch immer Schulden hatte? Und seine Ziegelei – würde sie jetzt nicht nur seine Abwesenheit, sondern auch die Stornierung von Aufträgen der Dissenters für Material zum Bau ihrer Versammlungshäuser zu spüren bekommen? Ferner befürchtete er zu Recht, dass sein gesamter Besitz konfisziert würde, falls er ihn nicht auf seine Frau oder eine Vertrauensperson überschreibt. Wegen der nötigen Unterschriften entschließt er sich offenbar, heimlich nach London zurückzukehren.[60] Danach überlegt er sich einen neuen Weg ins Exil, doch seine Kräfte und Nerven beginnen zu versagen, er sieht sich erneut gezwungen, sich bei dem Weber in Spitalfields zu verstecken.[61] Doch das auf ihn ausgesetzte Kopfgeld hat schließlich den Verrat seines Unterschlupfs zur Folge. Eine von einer Wache eskortierte Kutsche bringt ihn in das berüchtigte Londoner Gefängnis Newgate.

Welch niederschmetternde Schande dies für ihn bedeutet haben muss, ermisst man, wenn man die Beschreibung dieses Gefängnisses durch seine Romanfigur Moll Flanders liest: *Der höllische Lärm, das Brüllen, Fluchen und Schreien, der Gestank und der Schmutz und all das Furchtbare, das ich täglich sah, ließen mir den Ort wie ein Sinnbild der Hölle erscheinen, [jedenfalls] eine Art Vorhof dazu.*[62] Zunächst kam er in das allgemeine Gefangenenlager dieser Anstalt («The Condemned Hold»), unerträglich nicht nur durch die quer über den Hof und offen hindurchflie-

Vermutlich der in der Schwerverbrecherzelle des Newgate-Gefängnisses inhaftierte berühmte Kriminelle Jonathan Wild. Aus: «A True and Genuine Account of the Life and Actions of Jonathan Wild», London 1725. Defoes Verfasserschaft dieses Werks wird heute bestritten.

ßende Kloake, sondern auch durch die Tuchfühlung mit Schwerverbrechern und verlausten Dieben, die vor ihrer Hinrichtung standen. Die Zahlung einer Geldsumme bewirkte, dass er in einen besseren Teil des Gefängnisses («The Press

Yard») verlegt wurde; fern von den gröbsten Belästigungen bekam er eine Einzelzelle mit einem kleinen, doch dicht verriegelten Fenster. Hier konnten ihn seine Familie, sein alter Vater und seine Freunde besuchen. Nach vierzehn Tagen wurde er bis zur Gerichtsverhandlung gegen eine hohe Bürgschaft freigelassen, zu der einige ihm nahe stehende Menschen beitrugen und vielleicht auch Personen, die fürchten mussten, von ihm verraten zu werden.[63] Doch Versuchen, ihn durch eine in Aussicht gestellte Strafmilderung zum Verrat von politisch subversiv tätigen Freunden zu bewegen, hat Defoe tapfer widerstanden. Da er in einer früheren Schrift an einigen Persönlichkeiten des öffentlichen Lebens satirische Kritik geübt hatte, musste er allerdings befürchten, dass der eine oder andere Richter jetzt die Gelegenheit benutzen würde, für diese Angriffe Rache zu nehmen.

Defoe wurde wegen Verleumdung und Volksverhetzung angeklagt. Obwohl man ihm versprach, wenn er sich für schuldig erkläre, könne er eine milde Strafe gewärtigen, und obwohl er sich zu seiner Tat bekannte, fiel das Urteil sehr hart aus. Nicht nur wurden ihm eine längere Haft in Newgate und eine hohe Geldstrafe auferlegt, nein, er musste auch eine Bürgschaft für sieben Jahre Wohlverhalten hinterlegen und wurde verurteilt, an drei Tagen je eine Stunde an verschiedenen öffentlichen Plätzen Londons an den Pranger gestellt zu werden. Diese Demütigung, dieser Fall vom Berater des Königs zum Gesellschaftsfeind Nummer eins, noch dazu an einem Ort, der nur ein paar Meter von seiner früheren Wohnung in der City entfernt war, traf ihn besonders hart. Aus einem seiner Briefe wissen wir, wie sehr er die gesellschaftliche Ächtung durch den Pranger fürchtete. *Gefängnis, Pranger und Ähnliches, mit dem man mich so sehr bedroht hat, haben mich davon überzeugt, dass es mir an Mut zum Erdulden fehlt.*[64] Daher unternahm er größte Anstrengungen, dieser Demütigung zu entgehen. Ein Gnadengesuch an Königin Anna blieb jedoch erfolglos. Auch ein Versuch seines Freundes William Penn, des späteren Begründers von Pennsylvania, ihm diese Schmach zu ersparen, schlug fehl. Da er auf den Pranger noch circa zwei Wochen warten

Defoe am Pranger. Stahlstich von J. C. Armytage nach E. Crowe. London, National Portrait Gallery

musste, konnte er immerhin die Zeit dazu nutzen, die Öffentlichkeit davon zu überzeugen, dass ihm, dem Missverstandenen, übel mitgespielt werde. Die öffentliche Demütigung musste er dennoch erdulden.

Das Ritual der Anprangerung vollzog sich folgendermaßen: Zunächst hatte der Henker persönlich die Aufgabe, das skandalöse Pamphlet zu verbrennen. Was weiter mit Defoe geschah, lässt Stefan Heym einen fiktiven Augenzeugen höchst eindrucksvoll schildern: «Einige hörten ihn dem Karrenmann für die Fahrt Dank sagen; dann stieg er vom Karren direkt aufs Schafott, und der öffentliche Henker klomm nach ihm hinauf. Der Henker schloß ihm die Klötze rasch um Hals und Handgelenk, so daß das Gesicht, auf dem sich große Tropfen Schweiß bildeten, hübsch eingerahmt war wie auf einem Bilde [...]. Das sonderbare Schweigen hielt an, während Mr. DeFoe sich der beschwerlichen Konstruktion des Querbalkens anzupassen und so viel von dessen Last wie möglich auf den Stützpfosten zu verlagern suchte.» [65]

Nicht nur war es eine Qual, mit Hals und Armen zwischen Bretter eingeklemmt zu werden, der Verurteilte war auch Wind und Wetter ausgesetzt, und zumindest beim dritten Termin goss es in Strömen. Bei dieser Strafe war es auch üblich, dass ein aufgebrachtes Publikum den Straftäter lauthals beschimpfte, attackierte und mit allerhand Gegenständen bewarf. Dies musste Defoe freilich nicht erleben, denn offenbar durch die geschickte Regie einiger Freunde versammelte sich um ihn eine demonstrierende Menge, die ihm heftig applaudierte, wohl auch unter dem Eindruck, dass er niemand verraten hatte. Bei Stefan Heym lesen wir weiter: «Mr. DeFoe, dies konnte ich beobachten, fühlte sich trotz der verschiedenen Sympathiebeweise nicht sehr wohl; die Sonne brannte ihm auf den Pelz, der Schweiß stach ihn ins Auge; Fliegen und Mücken ließen sich auf Gesicht und Händen nieder, ohne daß er sie abwehren oder sich kratzen konnte. Außerdem mußte ihm klar sein, daß die Blumen und Vivats nicht die einzigen ihm zugedachten Begrüßungen sein mochten; unter Schmerzen wandte er den Kopf zwischen den Klötzen und blickte um sich, als versuchte er zu erkennen, von wo aus der nächste Streich erfolgen werde. Da es gerade ruhig war, vernahm ich sein Stöhnen; allein schon im nächsten Moment teilte sich die Menge, und durch sie hindurch drang von der Börse her eine Horde junger Burschen, Schürzen vor dem Bauch, Druckerlehrlinge und dergleichen, welche Körbe voller Pamphlete und Flugblätter trugen und aus voller Lunge auszurufen begannen: ‹Das Neueste vom Verfasser des Echten Engländers!› – ‹Hymne an den Pranger›. – ‹Speziell für den heutigen Tag geschrieben und gedruckt!›.» [66]

Diese *Hymne an den Pranger* war ein neues Gedicht Defoes, eine Zeitsatire, in der er sich damit tröstete, dass schon andere

Berühmtheiten das gleiche Schicksal zu erleiden hatten; daher sein Hohn auf das staatliche Machtorgan des Prangers gleich zu Beginn der Hymne: *Sei mir gegrüßt, großmächt'ger Apparat des Staats, / Geschaffen, drin die Phantasie zu strafen!*[67] Mit *Staatsapparat* übersetzt Heym treffend Defoes Bild der «Staatsmaschine» und kann damit in seinem sehr interessanten Text «Die Schmähschrift oder Königin gegen Defoe. Erzählt nach den Aufzeichnungen eines gewissen Josiah Creech» im Rückblick seine Situation gegenüber dem politischen Establishment der DDR-Regierung indirekt mit jener der Dissenters in Beziehung setzen. Der Pranger wird zum Symbol für jede repressive staatliche Institution. Das Volk jubelte und prostete Defoe zu, es ehrte ihn mit Blumen, und seine Bücher und Schriften fanden reißenden Absatz. Es war ihm gelungen, die öffentliche Meinung zu seinen Gunsten zu beeinflussen und zugleich eine für ihn bedrohliche Situation sogar zu einem persönlichen Triumph umzuformen.

Völlig durchnässt wurde er nach dem dritten Tag am Pranger wieder ins Newgate-Gefängnis eingeliefert. Dort musste er nun noch lange ausharren, bis es ihm endlich gelang, die hohe Geldstrafe aufzubringen. Seine Lage ist katastrophal, denn durch seine lange Abwesenheit von seiner Ziegelei schreibt diese keine schwarzen Zahlen mehr, und ein neuerlicher Bankrott zeichnet sich ab. Wird er sich je aus dieser finanziellen Misere wieder befreien können? Wie er sich fühlte, beschreibt er später aus der Rückschau: *Was sollen wir [zu dieser Katastrophe] sagen? – Laß mich nicht in Armut fallen, damit ich nicht stehle, sagt der weise Salomo. […] Ich sage Euch allen, meine Herren, wenn Ihr die Armut erlebt, werden sogar die Besten unter Euch ihren Nachbarn berauben – nein, ich gehe weiter [und sage] […] Ihr werdet Euren Nachbarn nicht nur ausrauben, sondern, in größter Not ihn auffressen und nach dem Essen noch das Dankgebet sprechen.*[68] Was ihn letztlich rettete, war einmal sein unerschütterlicher Optimismus, der ihn stets vor dem Verzweifeln bewahrte, zum anderen verließ ihn nie seine fast übermenschliche Energie, die er einmal in den griffigen Satz fasste: *Der Gott, der mir Verstand gab, wird mir Brot geben.*[69]

So beginnt er bereits im Gefängnis wieder intensiv zu schreiben; Besucher tragen seine Texte zum Drucker. Auch benützt er die Gelegenheit, das Schicksal einzelner Gefangener in Erfahrung zu bringen. Dadurch öffnet sich ihm eine neue Welt. Wie in einem gut gebauten Melodrama erfährt auch seine schlimme Lage sozusagen eine sehr eindrucksvolle äußere Entsprechung in einem gewaltigen Naturereignis, das zeitlebens bei ihm nachgewirkt hat: Ende November dieses für Defoe so unglücklichen Jahres 1703 erlebt England die Naturkatastrophe eines sieben Tage andauernden heftigen Sturms, der noch stärker als jener von 1987 war. Defoe nützte sogleich die Gelegenheit, eine aktuelle Dokumentation darüber zu verfassen. Er will nicht nur das selbst Gesehene genau berichten, sondern sucht auch Berichte zahlreicher anderer Augenzeugen einzubeziehen, um die er durch Aufrufe in Zeitschriften

Seesturm. Gemälde von Pieter Mulier gen. Tempestà, zweite Hälfte des 17. Jahrhunderts. Genf, Musée d'art et d'histoire

gebeten hatte. Das Resultat ist ein kleines Buch mit dem Titel *Der Sturm* (*The Storm*), das alsbald viel beachtet wurde. Auch in seinen *Robinson Crusoe* hat dieses Sturmerlebnis Eingang gefunden. Seine Neugier, mit der er interessante aktuelle Ereignisse erkundet, lässt es jedoch nicht dabei bewenden; sie erstreckt sich auch auf den Bereich des Okkulten, für das er seit je ein Faible hatte. Mit besonderer Aufmerksamkeit hört er daher einen Bericht über die angebliche Erscheinung einer Toten bei ihrer früheren Bekannten, Mrs. Veal. Diesen *Wahren Bericht über die Geist-Erscheinung einer gewissen Mrs. Veal nach ihrem Tod* (*A True Relation of the Apparition of one Mrs. Veal*) erzählt Defoe dann so detailliert und «realistisch» nach, dass er später den Ruf erlangen sollte, Autor der besten Gespenstergeschichte im 18. Jahrhundert zu sein.

Zu neuen Ufern

Ein Spion kommt aus der Tiefe

Bringt eine Publikation wie *Der Sturm* dringend benötigtes Geld, so wird Defoe künftig vor allem auch mit der Überlegung schreiben: Was wird sich gut verkaufen? Aus seiner desperaten Lage hätte er sich indes nicht selbst befreien können, wenn ihm nicht ein wichtiger Politiker zu Hilfe gekommen wäre und für seine Entlassung aus dem Gefängnis nach fünf nicht enden wollenden Monaten gesorgt hätte. Es ist Robert Harley, den wir bereits als Speaker des Unterhauses kennen gelernt haben, und

Robert Harley, 1st Earl of Oxford. Gemälde von Godfrey Kneller, 1714. London, National Portrait Gallery

47

der nun einer von Tories dominierten, gemischten Regierung vorstand. Zum zweiten Mal hat Defoe nach seiner Förderung durch Wilhelm III. das Glück, einem Menschen zu begegnen, mit dem ihn manches verband: Harley und Defoe vertreten eine maßvolle politische Position. Beide haben eine starke Vorliebe für strenge Geheimhaltung ihrer politischen Absichten. Zwar hatte Defoe mit seiner *Denkschrift der Legion* auch indirekt Harley attackiert. Doch hatte sich Defoe ihm, der selbst früher zu den Whigs gehörte und nun als gemäßigter Tory Politik machte, anzunähern versucht. Und Harley empfand es als Verschwendung eines Talents, dass ein politisch so versierter Autor wie Daniel Defoe sein Dasein im Gefängnis fristen sollte, nur weil ihm ein Pamphlet missraten war, von dem jedenfalls Harley nicht glaubte, dass er es wörtlich gemeint hatte. In der Überzeugung, Defoe könne ihm als politisch kompetenter, der Masse der journalistischen Schreiberlinge weit überlegener Autor für die Regierungsarbeit nützlich sein, veranlasste er seine Freilassung.[70] Allerdings verschaffte Harley ihm nicht einen Posten mit fixem, garantiertem Salär, sondern hielt den gesellschaftlich schwer Angeschlagenen in seiner Abhängigkeit. Doch Defoe hatte nun eine neue Chance, in der Politik mitzuspielen. Er macht sich zunächst bei Harley als allgemeiner politischer Berater interessant und erinnert ihn daran, dass Popularität für einen Politiker sehr wichtig ist.

Die Popularität, von der ich gerade spreche, ist ein politisches Verhalten Eurerseits zwischen Scylla und Charybdis der Parteien, um von ihnen allen allgemeine Achtung zu erlangen. Obwohl man dieses Verhalten Heuchelei nennt, bin ich mit einer solchen Bezeichnung einverstanden [...] [denn] diese Heuchelei ist eine Tugend, und mit ihr werdet Ihr [...] als treuer Diener Eures Herrschers vom Volk geliebt sein.[71]

Armand-Jean du Plessis, Herzog von Richelieu (1585–1642)
Defoe erwähnt des Öfteren Kardinal Richelieu, der für ihn eine Art Vorbildcharakter besaß. Er bewundert seine Gründung der Académie Française sowie seine religiös tolerante Haltung, mit der er ein Bündnis mit dem protestantischen König Gustav II. Adolf von Schweden einging. Richelieu war nicht so sehr ein entschiedener Vorkämpfer des französischen Absolutismus, vielmehr versuchte er Machtpolitik mit christlichem Rechtsbewusstsein zu vereinen.

Die Regierung hatte sich schon unter König Wilhelm ein neues großes Ziel gesteckt, die Vereinigung Englands mit Schottland zum Königreich Großbritannien, nachdem ja seit 1603 bereits mit dem schottischen König Jakob, der zugleich Nachfolger der englischen Königin Elisabeth I. war, eine Personalunion bestanden hatte. Da Defoe wohl schon gemerkt hat, dass Harley wie er selbst Geheimaktivitäten liebt, macht er einen Vorschlag, zu dem er durch ein französisches Vorbild angeregt wurde. Dort habe man unter der Leitung des großen Kardinals Richelieu ein Spionagesystem für die Vorgänge im Inneren Frankreichs und für das Ausland aufgebaut. Ein derartiges Agentennetz benötige auch England; denn man müsse über die politischen Pläne eines Nachbarlandes Bescheid wissen, bevor diese in die Tat umgesetzt würden.[72] Besonders dringend sei aber der Aufbau eines Spionageringes in Schottland, um alle Schwierigkeiten zu beseitigen, die sich der geplanten

Kardinal Armand-Jean du Plessis, Herzog von Richelieu. Gemälde von Philippe de Champaigne, 1635. Paris, Musée du Louvre

Vereinigung mit England entgegenstellten. Dafür bietet Defoe seine speziellen Dienste an. Harley überträgt ihm nun diese Aufgabe. Da bekannt war, dass sich in Schottland teilweise heftiger Widerstand gegen eine Eingliederung in das Reich der britischen Krone regte, war die Geheimagententätigkeit Defoes ebenso nötig wie gefährlich. Aber Defoe schrieb Harley aus Schottland, dass er als *echter Spion*[73] agiere, hin und wieder inkognito reise und seine Identität durch permanentes Rollenspiel verberge: *Ich rede mit jedermann auf seine eigene Weise [...].*[74] So war er der richtige Mann für diese Aufgabe. Er baut einen Spionagestützpunkt *an jedem Ort*[75] auf und verbringt nicht weniger als fünfzehn Monate in Schottland. Als im Jahre 1707 unter Königin Anna das Vereinigte Königreich Großbritannien ausgerufen wurde, war dies nicht zuletzt durch Defoes vorbereitende Arbeit möglich geworden. Er ist somit dieses Mal an einer hoch bedeutsamen politischen Entscheidung beteiligt, die bis heute ihre Gültigkeit behalten hat. Und ihrer Bedeutung entsprechend verfasste er ein ganzes Buch über *[d]ie Geschichte der Vereinigung Englands mit Schottland (The History of the Union of Great Britain).*

PROJEKTE ÜBER PROJEKTE – UND EINE REISE ZUM MOND

Aber Harley war an ihn noch mit einem anderen Anliegen herangetreten. Er hatte die Gründung einer Zeitschrift vorgeschlagen. Ihr sollte die Aufgabe zufallen, die Regierungsarbeit indirekt zu unterstützen. Als er dieses Angebot annahm, handelte Defoe keinesfalls als Opportunist. Vielmehr erkannte er, wie wichtig es war, diesen Minister zu stärken, um die Schwäche der regierenden Königin Anna auszugleichen.[76] Indem Defoe in dieser Zeitschrift, die anfangs stark gegen Frankreich gerichtet war und daher ursprünglich den Titel *A Review of the Affairs of France* trug, Artikel über Religion, Politik, Familie, Handel, bürgerliche Sitten usw. publizierte und dabei eine maßvolle Position vertrat, verfolgte er sogar eine whiggistische Tendenz. Daher galt für ihn, der als Sympathisant der Whigs jetzt für die Tories arbeitete: Der Zweck heiligt die

Königin Anna übergibt dem Herzog von Marlborough die Pläne von Blenheim House. Gemälde von Godfrey Kneller, 18. Jahrhundert. Oxfordshire, Blenheim Palace

Mittel. Er hat diese Zeitschrift, bekannt unter dem verkürzten Titel *The Review*, von 1704 bis 1713 mehr als neun Jahre lang ganz allein verfasst, manchmal in Konkurrenz oder im Dialog mit den bekanntesten Wochenschriften, und dabei ist sie meist dreimal wöchentlich erschienen, auch in seiner Abwesenheit von London – allein dies eine stupende Arbeitsleis-

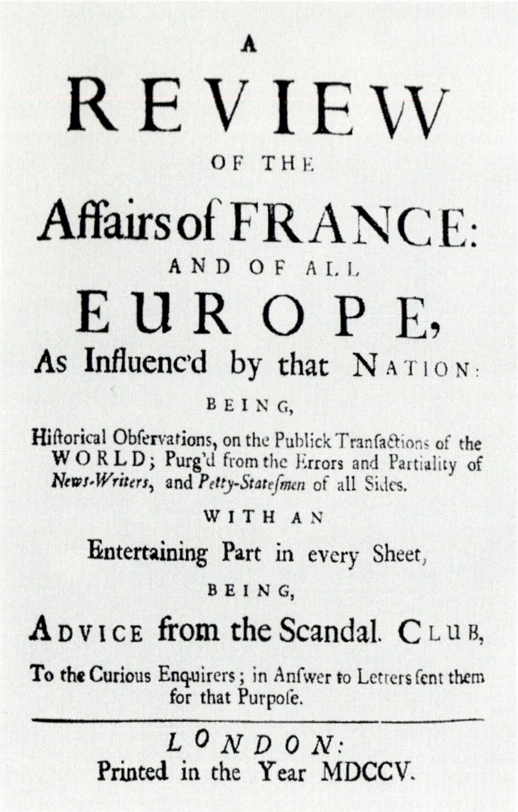

A

REVIEW

OF THE

Affairs of FRANCE:

AND OF ALL

EUROPE,

As Influenc'd by that NATION:

BEING,

Hiftorical Obfervations, on the Publick Tranfactions of the
WORLD; Purg'd from the Errors and Partiality of
News-Writers, and *Petty-Statefmen* of all Sides.

WITH AN

Entertaining Part in every Sheet,

BEING,

ADVICE from the Scandal. CLUB,

To the Curious Enquirers; in Anfwer to Letters fent them
for that Purpofe.

LONDON:
Printed in the Year MDCCV.

Titelseite
von Defoes
«Review»

tung! Er hat diese Art Zeitschrift zwar nicht erfunden, aber er
hat in ihr neue Ideen journalistischer «Aufmachung» durchgesetzt, die bis heute fortwirken, wie die Diskussion gesell-
schaftlicher Skandale in den Klatschspalten und nicht zuletzt
die Einbeziehung und Beantwortung der Textsorte Leserbriefe.
Auch das Werbe-Inserat gibt es schon; dabei nimmt man beim
Durchblättern der einzelnen Folgen das Paradoxon amüsiert
zur Kenntnis, dass der Puritaner Defoe in schöner Regelmäßig-
keit die Reklame für ein angebliches Medikament gegen Sy-
philis wiederholt. Schon das *Review*-Unternehmen des ersten

großen Journalisten beweist Defoes «Unbeirrbarkeit in der Verfolgung eines Ziels, seine Findigkeit und seinen Mut»[77]. Darüber hinaus gründete er später noch weitere Zeitschriften und wirkte an zahlreichen anderen mit.

Kein Wunder, dass Robert Harley unserem Autor die Idee einer neuen Zeitschrift unterbreitete, denn sechs Jahre zuvor war Defoe mit seinem ersten Buch *Ein Essay über Projekte (An Essay upon Projects)* an die Öffentlichkeit getreten, und dieses hatte sein Interesse an konstruktiven Verbesserungen in den verschiedensten gesellschaftlichen Bereichen bewiesen. Dieses Buch war auch die erste Publikation, zu der sich Defoe öffentlich bekannte. Es spiegelt in besonderer Weise den Fortschrittsoptimismus jener Zeit wider, die bereits von der «Machbarkeit» jedweder Idee fasziniert war. Was taucht da nicht alles an progressiven Vorstellungen auf: Er schreibt über die Verbesserung der Verkehrswege, über eine Krankenversicherung, über Spezialversicherungen, zum Beispiel für den gefährlichen Beruf des Seemanns, wobei er Vorschläge dafür macht, wie viel jeweils für den Verlust eines einzelnen Körperteils als Versicherungsprämie zu zahlen sei. Überhaupt konnte man sich schon zu seiner Zeit, wie Defoe sagt, gegen alles versichern.[78] Auch stellt er die schon sehr modern anmutende Konzeption einer Sozialversicherung vor: *Durch sie sollte [später im Notfall] auch der erbarmungswürdigste und ärmste Mensch einen Mindestunterhalt beanspruchen können, damit er ihn nicht als Almosen erbetteln* muss.[79] Nun sind zwar seine Vorschläge im sozialen und ökonomischen Bereich nicht gerade völlig neu, und in vielem ist bei ihm sogar ein konservativer Zug zu erkennen.[80] Doch hat er das Talent, die Ideen prägnant und zündend vorzutragen. So erklärt sich etwa, dass seine reformerischen Schriften bis nach Amerika befruchtend gewirkt haben. Kein Geringerer als Benjamin Franklin gesteht in seiner «Autobiographie», dass Defoes *Essay über Projekte* wesentliche Ereignisse in seinem eigenen Leben beeinflusst habe.[81]

In diesem Buch präsentiert Defoe auch die Idee von Akademiegründungen. Eine Akademie zur Pflege der englischen Sprache liege besonders nahe, da das Englische die Sprache mit der größten Ausdrucksbreite sei.[82] Schließlich besitzt Frankreich bereits eine solche Akademie durch die Initiative des großen Richelieu, den er sehr bewundert. Die Akademie solle auch sprachregelnd eingreifen, denn sie habe für die *Reinheit und Angemessenheit des Stils* zu sorgen. Dabei sei vom Sprachgebrauch auszugehen; er orientiert sich ganz am gesprochenen, kolloquialen Englisch und hält einen lebendigen Sprachrhythmus für äußerst wichtig.[83] Sein Stilideal ist, wie er im Buch *Der vollkommene englische Handelsmann (The Complete English Tradesman)* ergänzt, demokratisch: Allgemein verständlich muss man schreiben, *exotische Wendungen*, affektierte und schwierige Begriffe sind daher ebenso zu vermeiden wie *Bombastisches in der Dichtung.*[84] Defoe macht sich somit zum Sprachrohr des Erfolgsmenschen neuen Typs, des aufstrebenden bürgerlichen Mittelständlers («homo novus»). Er betrachtet die klassisch-humanistische Bildung nicht mehr als unabdingbare Voraussetzung, um in der Gesellschaft zu reüssieren.[85] Nicht die Gelehrten oder Juristen dürfen daher in einer solchen Akademie die Maßstäbe setzen, denn sie werfen mit Spezialbegriffen um sich, schreiben zum Horror des Lesers lange und sehr unmusikalisch klingende Sätze. Man ist verblüfft, welch hohes, differenziertes, rhythmisch anspruchsvolles Stilideal Defoe besitzt, dessen Texte man oft als bloß in Eile geschrieben abqualifiziert hat.[86]

Besonders interessant aber ist Defoes Plan zur Gründung einer Bildungsakademie für Frauen. Hier haben wir einen schönen Beweis dafür, dass Defoe einen ausgeprägten Sinn für die sozial Benachteiligten hatte, und dazu gehörte die Frau. Wie die Quäker ist er überzeugt von der Gleichheit der Geschlechter. Es sei eine Schande, dass den Frauen eine höhere Bildung verwehrt werde, gerade sie hätten es doch verdient, entsprechend gefördert zu werden: *Was hat denn die Frau getan, daß sie das Privileg der Bildung verloren hat? [...] Die Fähigkeiten der Frauen gelten als größer, ihre Sinne als feiner denn jene der Männer; und wozu sie gebildet werden könnten, ist ersichtlich aus einigen Beweisen weiblichen Esprits, den dieses Zeitalter durchaus zu bieten hat. Dies bringt uns zu Recht den Vorwurf der Ungerechtigkeit ein und erweckt den Anschein, als ob wir den Frauen die Vorteile der Bil-*

dung vorenthielten aus bloßer Furcht, sie würden mit ihrem erworbenen Können mit den Männern konkurrieren.[87]

Doch auch Defoes Ansichten zur Situation der Frau sind im Grunde weniger originell, als sie auf den ersten Blick erscheinen, sind sie doch nicht lange zuvor von verschiedenen Seiten vertreten worden. So schließt er sich zustimmend einer Schrift der zeitgenössischen Frauenrechtlerin Mary Astell an, die schon emanzipatorische Gedanken geäußert hatte. Auch Aphra Behn hatte sich als Autorin von Romanen und Dramen bereits einen Namen gemacht. Obwohl Defoe in seinem Projekt einer Frauenakademie, wie gesagt, keine eigentlich neuen Thesen vorbringt, besticht dennoch die Klarheit und Eindeutigkeit, mit der er für eine neue Beurteilung der sozialen Position der Frau plädiert. Auch unterdrückt er keineswegs eine gewisse Sympathie für feministische Gleichheitsforderungen. Diese findet freilich dort ihre Grenze, wo die patriarchalische Vormachtstellung des Mannes in Frage gestellt zu werden Gefahr läuft.

Aphra Behn.
Zeitgenössishes Porträt
von Mary Beale.
Oxford, St. Hilda's College

Aphra Behn (1640?–1689)
Unter einem Pseudonym begann Aphra Behn, die erste englische Berufsschriftstellerin, ihre Laufbahn als Verfasserin von intrigantischen oder frivolen Restaurations-Komödien. Später schrieb sie auch Romane, darunter ihr sehr interessantes Hauptwerk «Oroonoko», in dem sie sich gegen die Sklaverei wandte.

Doch zurück zu Defoes prekärer Lage. Für ihn wird die Zeit, als er ein gesellschaftlich Ausgestoßener war, sehr schwer zu ertragen gewesen sein. Immer wieder bittet er Harley um konkrete Aufträge, denn er möchte auf jeden Fall nützlich sein. Seine familiäre Situation hatte sich in den ersten Jahren nach Harleys Rettungsaktion noch keineswegs gefestigt. Noch immer lastete ein Schuldenberg auf ihm, und Gläubiger versuchten vehement, zu ihrem Geld zu kommen. Hinzu kam, dass Harleys Gehaltszahlungen immer wieder lange, allzu lange auf sich warten ließen. Wie bitter war es doch, die Abhängigkeit von einem einzigen Mann spüren zu müssen. In vielen erhaltenen Briefen erleben wir mit, wie Defoe sich in die demütigende Lage eines Bittstellers versetzt sieht. Seine Kleidung ist *fast schon schäbig*[88], überwindet er sich anzudeuten. In einem dieser Briefe an Harley erlaubt er sich zu bemerken, dass ihm seine Frau schrieb, sie sei zehn Tage ohne Geld gewesen.[89] Ein andermal erfahren wir, wie er darunter leidet, kaum die Kinder erziehen zu können und das Vermögen seiner Frau vertan zu haben. Dabei habe er eine *große Familie mit guten Zukunftsaussichten*, seine Frau sei *tugendhaft und einzigartig, eine hervorragende Mutter für ihre sechs hübschen und vielversprechenden Kinder.*[90] Sein Vater und eine Tochter Mary waren inzwischen gestorben, zu versorgen war eine große Familie mit Benjamin und Daniel, Hannah, Henrietta, Sophia und Martha, die allerdings 1707 starb. Benjamin vernachlässigt sein Jura-Studium und wird daher von Defoe nach Hause zurückgeholt. Die private Situation bleibt somit recht *desolat*[91], auch wenn er gelegentlich seine finanzielle Notlage übertreibt.

Im Jahr 1708 verliert auch noch Robert Harley sein Ministeramt, da die Whigs die Wahlen gewonnen hatten, doch sein Nachfolger nimmt Defoe ebenfalls in seine Dienste, bis wiederum zwei Jahre später nach einem Wahlsieg der Tories Harley nochmals an der Macht ist, der Defoe erneut für sich arbeiten lässt. Defoe findet nichts dabei, Harley, der ein Attentat überlebte, in seiner Tory-Politik zu bestärken. Aber vehement weist er den Vorwurf seiner Gegner zurück, er habe sich durch Harley bestechen lassen, nie habe dieser ihm vorgegeben, was

«The Whigs Medly».
Kupferstich von George Bickham d.Ä., 1711.
Der Stich richtet sich gegen die Whigs, er zeigt oben Defoe am Pranger, darunter eine Satire auf den Dissenter Defoe zwischen Papst und Teufel.

er schreiben solle.[92] Er unterstützt ihn vor allem wegen seiner Bereitschaft, sich für den Erben des Hauses Hannover als möglichen englischen Thronfolger einzusetzen. Dafür konnte sich Defoe im Spanischen Erbfolgekrieg sogar mit einem Friedensschluss mit Frankreich abfinden, doch empfand er die Entlassung des Herzogs von Marlborough im Jahr 1711 als Demütigung.[93] In dieser schwierigen Zeit, da die englische Nation in zwei Lager gespalten war, bedeutete Defoes politische Betätigung ein hohes Risiko. Doch hält er oft mit seiner Meinung nicht zurück. Nicht gerade taktvoll ist der folgende Titel eines Pamphlets: *Und wenn die Königin stirbt – was dann? (What if the Queen Should Die?).* Die Dissenters werden jetzt völlig schwarz gemalt, auch ihre Akademien, denen er doch seine eigene Erziehung verdankt, bleiben von seiner Kritik nicht verschont.[94] Kein Wunder, dass er in beiden politischen Lagern als Gegner galt und von ihnen verfolgt wurde. Mehrmals fand er sich daher im Gefängnis wieder, sogar kurzzeitig in Newgate, Verleumdung und Verrat hießen die Anklagepunkte. Verblüffend ist aber auch, wie oft es ihm gelingt, einer angedrohten Bestrafung für diese Vergehen zu entkommen. Einmal hieß es, er habe sich seiner Verhaftung durch eine Falltür in seinem Haus entzogen.[95] Seine Feinde verunglimpfen ihn persönlich. Sie bringen etwa das vielleicht doch nicht ganz unwahre Gerücht in Umlauf, er habe mit der Frau des Webers, bei dem er Unterschlupf gefunden hatte, ein Kind gezeugt. Während seine Gesundheit sich lange Zeit unverwüstlich erwiesen hatte und auch durch das Gefängniserlebnis nicht wesentlich beeinträchtigt worden war, ist er nun des Öfteren krank und hätte einen Kuraufenthalt nötig, der aber wegen seiner finanziellen Misere undenk-

Die Hannoveraner-Thronfolge
Wilhelms Thronfolge-Regelung durch den «Act of Settlement» (1701) sah vor, dass nach dem Tod seiner Schwägerin Anna den männlichen Nachkommen des katholischen Jakob II. die Krone verwehrt sein sollte. Dafür waren die Welfen in Hannover als Nachkommen der mit Friedrich V. von der Pfalz verheirateten Elisabeth vorgesehen, die eine Tochter Jakobs I. von England war. Der Hannoveraner Kurfürst Georg Ludwig gelangte somit auf den englischen Thron durch seine Mutter Sophie von der Pfalz, einer Enkelin Jakobs I.

bar ist. In dieser Lebensphase steht er kurz davor, in die Resignation zu flüchten.

Wieder ändert sich die politische Lage: Als die Tories im Jahre 1714 die Wahl verlieren, muss Harley zurücktreten. Zudem stirbt auch noch Königin Anna. Nunmehr beherrschen die Whigs jahrzehntelang die Bühne. Defoe scheut sich nicht, sich jetzt mit ihnen zu arrangieren.[96] Defoe ein Wendehals? Man wird ihm, der gleichzeitig auch weiter für ein Tory-Blatt arbeitete, den Vorwurf des Opportunismus nicht ganz ersparen können; denn in diesem Tory-Organ wird von ihm auf einmal die anglikanische Staatskirche in den höchsten Tönen gepriesen. In jener Zeit verfasst er auch den Text *Für Ehre und Gerechtigkeit* (*An Appeal to Honour and Justice*), in dem er sein bisheriges Verhalten und seine jetzige Arbeit für die Whigs zu rechtfertigen sucht, ohne es freilich mit der Wahrheit allzu genau zu nehmen.[97] Allenfalls wäre zu Defoes Verteidigung darauf hinzuweisen, dass es ihm immer darauf angekommen war, mäßigend auf die Parteien einzuwirken, und dass er eigentlich immer über den Parteien stehen wollte. Schon im Jahr 1712 zog der Zweiundfünfzigjährige in einem *Review*-Artikel das folgende Resümee seiner politischen Erfahrungen und bewies dabei wieder viel Mut: *Ich habe das Innerste aller Parteien bis in den hintersten Winkel kennengelernt, bis in den hintersten Winkel aller ihrer Gaukeleien und bis in den fadenscheinigen Boden ihrer Aufrichtigkeit [...] alles ist bloße Komödie, leere Fassade und erbärmliche Heuchelei, bei jeder Partei, in jedem Zeitalter, unter jeder Regierung und bei jedem Regierungswechsel; Heuchelei der Opposition, um in die Regierung zu kommen, und Heuchelei der Regierung, um ihren eigenen Sturz zu verhindern.*[98]

Mit dem Lauf der Jahre tritt indes in Defoes Verhältnissen eine Beruhigung ein, die unermüdliche schriftstellerische Tätigkeit bringt auch einigen Gewinn. Er bezieht ein geräumiges Haus mit großem Garten im Londoner Außenbezirk Stoke Newington. Seine beiden Söhne müssen ihm helfen, indem sie vor allem die von ihm korrigierten Druckfahnen zum Drucker tragen. Das Verhältnis zu ihnen dürfte in jener Zeit allerdings nicht ohne Spannung gewesen sein; es fällt jedenfalls auf, dass

Defoes Haus in Stoke Newington, 1724

nun Fragen des familiären Zusammenlebens zum Thema eines neuen Werkes erhoben werden. So entsteht seine puritanische *Familienunterweisung (The Family Instructor)*. Sie gibt in mehrfacher Weise zum Erstaunen Anlass: Die Probleme und Konflikte zwischen den Generationen werden in lauter wörtlich wiedergegebenen Dialogen zwischen den Familienmitgliedern vorgetragen. Hier erweist sich ganz besonders Defoes große dramatische Begabung, mit der er es versteht, sich mit der jeweiligen Position einer Figur voll zu identifizieren und zudem sehr realistische Dialoge zu schreiben.[99] In seiner *Familienunterweisung* will ein Vater dem Sohn den Theaterbesuch als etwas Unmoralisches verbieten, worauf der Sohn entgegnet, die Haltung des Vaters sei unerträglich. Diese Kritik und das offene Bekenntnis des aufmüpfigen Sohnes zum Atheismus erregt den Vater derart, dass er ihn fast umbringt: Die Argumente und Emotionen werden also nicht, wie zu erwarten, gedämpft, sondern voll zugelassen.

Auch die Tochter verhält sich sehr unbotmäßig, denn sie beschwert sich darüber, dass die Mutter ihr verbietet, sonntags nachmittags in den Park zu gehen, und dass sie wegen ihres Protestes sogar geschlagen wurde. Anschließend muss sie auch noch feststellen, dass die Mutter alle ihre Bücher, mit Ausnahme der religiösen, ins Feuer geworfen hat. Eine Bücherverbrennung aus religiösem Fanatismus! Die Tochter kann im Verbot der Mutter kein vernünftiges Argument erkennen, und sie will deren Verhalten auch nicht als Vorbild akzeptieren. So bleibt sie strikt bei ihrem Widerstand und fragt höchst verwundert in die Runde: *Was ist denn bloß mit euch allen los?*[100] Daraufhin überlässt Defoe dem Leser die Beurteilung dieser kritischen Familiensituation, nachdem er zuvor freilich seine christlich-puritanische Position völlig klar gemacht hatte.

Doch dürften auch manche Zeitgenossen der widerspenstigen Tochter wenigstens eine gewisse Sympathie entgegengebracht haben.[101] In seinen Romanen wird Defoe bald in verstärktem Maße die Kunst beherrschen, eine Figur einen Standpunkt verteidigen zu lassen, auch wenn er ihn selbst durchaus nicht akzeptiert.

Von Defoe stammt auch ein anderes größeres Werk mit dem Titel *Die gefiederte Flugmaschine oder: Der Weg zur Klarheit (The Consolidator)*, ein Text, geschrieben in der Tradition der fiktiven Reisen zum

«Domingo Gonzales lässt sich von einer Schar Wildgänse auf seinem Fluggerüst zum Mond ziehen».
Aus der ersten Geschichte über Raumfahrt in der englischen Literatur von Francis Godwin: «The Man in the Moone», 1638 (dt.: «Der Spanier im Mond»). Kupferstich aus der französischen Ausgabe von 1648

Mond. Dort heißt es, wer eine von den Chinesen erfundene Flugmaschine für eine Mondreise benützt, erkennt, dort oben angekommen, nicht nur eine hoch entwickelte Zivilisation, die sogar über *Denkmaschinen*[102] verfügt; er macht auch die für den Europäer entwaffnende Erfahrung, dass den Mondbewohnern die Erde nicht anders als den Erdbewohnern ihr Mond erscheint.[103] Betrachtet man vom Mond aus die Erde, dann entdeckt man darum die Relativität der Realität. Man bemerkt aus der Distanz die Schwächen der irdischen Gegebenheiten und Institutionen – die satirische Zielscheibe ist vor allem das englische House of Commons – und sieht zugleich, wie sich alles im Leben in ständiger Bewegung und Veränderung befindet.

GLOBALE INTERESSEN:
DIE GANZE WELT IM BLICK

Der unermüdlich aktive Schriftsteller Defoe wendet sich erneut – und nun im Zeichen eigener mäßiger Prosperität – seinem Lieblingsthema zu, dem Handel und der Wirtschaft. *Der Handel*, so formuliert einmal, *war die Hure, in die ich wirklich vernarrt war.*[104] Überall florieren die Geschäfte, überall wird gebaut, verändert, modernisiert, es entstehen Neugründungen der unterschiedlichsten Art, die britische Wirtschaft boomt. Aber Defoe weitet den Blick aus in weltwirtschaftliche Dimensionen. Durch den Handel ergänzen sich die einzelnen Länder und Erdteile: *[…] jede Nation hat etwas, was sich von ihr holen läßt und etwas, womit sie mit einer anderen tauschen kann. Sie besitzt etwas im Überfluß, was eine andre benötigt […] Der Handel, ein Wechselspiel von Export und Import, kann sogar Berge versetzen, kann sie übers Meer in andre Länder schaffen. Welch ein großer Teil der «Terra Firma» wurde nicht von Newcastle in Form von Kohle weggeführt, deren Asche sich in den meisten Ländern der Welt mit dem dortigen Boden vermischt hat?*[105] Man spüre hier geradezu das *natürlich ordnende Walten der Natur*[106]. Man fühlt sich außerdem bereits bestens informiert über die Gegebenheiten in anderen Kontinenten, ohne dorthin reisen zu müssen, denn: *Nichts ist berühmt oder wertvoll in der Welt, das der Gentleman nicht in seinem Blick hätte* durch die Lektüre von Büchern, das Studium geographischer Karten oder von anderem Informationsmaterial.[107]

Für Defoe garantiert der Handel soziale Stabilität und Wohlstand, in ihm erkennt er darum auch den Lebensnerv einer Nation. Er macht sich zum Verfechter der merkantilistischen Wirtschaftskonzeption mit den beiden Eckpunkten Seehandel und Kolonialisierung, die letztlich dem Ziel der Kapitalvermehrung dienen sollen. Dabei nimmt er allerdings keinen Laissez-faire-Standpunkt ein, sondern plädiert ganz merkantilistisch für ein gewisses Maß an staatlicher Regulierung des Handels[108]; denn die dem Menschen angeborene materielle Gier müsse gebremst werden[109]. Neue technische Erfindungen sind ihm nicht sehr willkommen, denn dadurch befürchtet er die Gefährdung von Arbeitsplätzen.[110] Er weiß auch, wie sehr Probleme des Handels die Außenpolitik bestimmen. Diese muss verhindern, dass andere Länder, vor allem Spanien, sich zu einem Handelskonkurrenten aufschwingen oder gar England die Vorrangstellung streitig machen. Völlig Recht hat Defoe mit der Annahme, dass Englands Handel auch deshalb floriert, weil es durch seine starke Flotte die Meere beherrscht. Wie aus Defoes Schriften freilich ebenfalls hervorgeht, denkt man damals auch schon global, in weltwirtschaftlichen Zusammenhängen. Zum Beispiel bedrohte die Einfuhr sehr billiger Baumwollprodukte aus Indien («Calico») die heimische Textilindustrie, sodass der Import solcher Waren schließlich verboten wurde.

Zugleich erkennt Defoe in der Überproduktion von Waren ein großes Problem, und deshalb befasst er sich mit dem Gedanken einer Erweiterung der Absatzmärkte. Diese Möglichkeit sieht er besonders in den Kolonien gegeben, und daher befürwortet er die Kolonialisierung in einem schon imperialistischen Sinne. Die Rechtfertigung wird gleich mitgeliefert: Die Kolonien haben nicht nur ihrerseits die Möglichkeit, ihre eigenen erwirtschafteten Güter als Tausch für britische Waren zu verwenden, sondern sie gewinnen auch aus dem Handel mit den europäischen Kulturnationen ein hervorragendes Zivilisierungspotenzial.[111] Mit dieser ideologischen Fundierung wird

der im Welthandel tätige Kaufmann geradewegs zu einem Helden stilisiert, der die Zivilisation befördert.[112] Begreiflicherweise ist Defoe zugleich mit der Gründung von weiteren Kolonien in der Neuen Welt befasst. In seinem Buch *Eine neue Reise um die Welt* (*A New Voyage Round the World*) schlägt er mit bewegten Worten die Gründung einer südamerikanischen Kolonie Patagonien vor. Er schätzt die amerikanischen Kolonien auch deshalb hoch ein, weil sie, wie er glaubt, jenen Existenzen, die in England gescheitert sind, den Galgen vermeiden helfen und ihnen die Möglichkeit eines völligen Neuanfangs bieten. Doch bei einer derartigen Verklärung der Kolonien war wieder

64

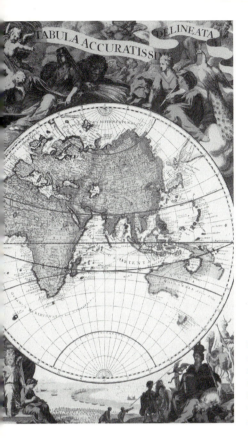

Weltkarte mit Allegorien der vier Elemente und der vier Weltteile. Kupferstich von Peter van der Aa, Leiden 1700

der Wunsch der Vater des Gedankens; die Realität sah nämlich anders aus. Viele Deportierte starben bereits während der Überfahrt oder gingen in den Kolonien als Sklaven zugrunde. Was indes die «Neger»-Sklaven betrifft, so sind sie nach Defoes Ansicht zur Arbeit für die Weißen heranzuziehen, freilich müsse man sie wie Menschen behandeln[113], präzisiert eine seiner Romanfiguren; ein Widerstand von ihrer Seite ist aber nicht zu dulden. Gar nicht erst gestellt wird die Frage, wie Sklaverei mit Menschenwürde vereinbar ist. Da der Sklavenhandel den Wohlstand der Nation fördert, ist er zu tolerieren. Doch Defoe attackiert andererseits auch den Sklavenhandel im Hinblick auf Auswüchse[114] und verurteilt Exzesse der Grausamkeit, er gibt sogar zu, dass die spanischen Eroberer eine weit größere Unmenschlichkeit als selbst die Kannibalen bewiesen haben.

Von Anfang an hat sich Defoe für die 1711 zum Zwecke des (Sklaven-)Handels mit Spanisch-Amerika gegründete Südseegesellschaft (South Sea Company) interessiert. Sie verdankte ihre Entstehung der Annahme, dass sich nach dem Ende des Spanischen Erbfolgekriegs große Handelsvorteile ergeben würden. Defoe hat sich aber in Sorge und mit Kritik gegen ihr Finanzgebaren gewendet. Diese Gesellschaft schüttete stattliche Gewinne aus und verlockte damit zu einer riesigen Börsenspekulation (dem «stock-jobbing»). Dabei übernahm sie aber auch noch hohe Staatsschulden. So war es auch nicht allzu überraschend, dass dieses ganze Spekulationsabenteuer 1720 wie eine «Seifenblase» platzte («South Sea Bubble») und viele Kleinaktionäre ruinierte. Da Defoe auch ein kritischer Zeitgenosse ist, erfüllt ihn das sich ausbreitende kapitalistische Gewinnstreben mit Sorge. Und diese ist geeignet, seine satirische Ader zu aktivieren. Das Ergebnis ist sein großer, rhetorisch brillanter *Review*-Artikel *Money*. Darin sieht Defoe in alter satirischer Tradition im Geld den *Gott dieser Welt, denn alles Glück und Unglück des Menschenlebens liegt darin, ob du da bist oder fehlst. Was tun die Menschen nicht, um dich zu erlangen? Was für Risiken gehen sie nicht ein, was für Schurkereien führen sie nicht um deinetwillen aus! Für dich werden Könige zu Tyrannen, Untertanen unterdrückt, Völker zerstört, Väter gemordet, Kinder aufgegeben, Freunde verraten [...] für dich läßt sich die Jungfrau entehren, verkommt der Ehrenmann, wird der Weise zum Narren, der Aufrechte zum Schurken, der Freund zum Verräter, der Bruder zum Fremden. Aus Christen werden Heiden, aus Menschen Teufel [...] Du bist das große Ruder, das den Kurs der Welt bestimmt, das riesige Scharnier, in dem sich der Globus dreht.*[115]

Aber Defoe ist weit davon entfernt, ein Korrektiv gegen die Dominanz des Geldes einzubringen. Er rechtfertigt es auch als notwendiges Übel und *als Basis für was wir Gesetz, Freiheit und Eigentum* nennen sowie sogar als Grundlage für die *mensch-*

liche Ordnung.[116] Macht man sich klar, dass diese vielfältigen ökonomischen Interessen jene eines puritanischen Protestanten sind, so entdeckt man auch ein diesem Puritanismus innewohnendes Paradoxon, eine tiefe Widersprüchlichkeit, die im Grunde auch unauflösbar ist: Auf der einen Seite verlangt der Puritanismus nach innerer Einkehr und weltabgewandter Askese, auf der anderen Seite aber fordert die von ihm praktizierte Ökonomie eine starke Bereitwilligkeit zur wirtschaftlichen Erschließung der Welt und zum Konsum von Waren, ja geradezu ein Bedürfnis nach Luxus, damit die Wirtschaft florieren kann. Die Anerkennung dieses Widerspruchs ist hingegen für die Calvinisten kein Problem, denn sie betrachten ja den materiellen Erfolg im Leben als Beweis für die göttliche Erwähltheit.

Defoe wird Schriftsteller von Weltrang

Als Defoe seine letzte Lebensphase erreicht hat und fast 60 Jahre alt geworden ist, fühlt er sich im Wissen um den Erfolg seiner Schriftstellerei fast schon im modernen Sinne als ein Produzent von Literatur, der sich bemüht, ein möglichst breites Publikum anzusprechen.[117] Zeit zum Reisen bleibt da nicht, daher handelt er jetzt nach einer eigenen Empfehlung an seine Leser: Wenn man keine Reise unternehmen kann, hat man wenigstens die Möglichkeit, sie durch die Lektüre von Reiseerzählungen zu erleben.[118] So las er nun mit Sicherheit u. a. die Berichte «Eine neue Reise um die Welt» des «Entdeckungsreisenden»[119] William Dampier und die Schilderung Ceylons von Robert Knox. Da er wusste, dass sich Reiseerzählungen auch gut verkaufen, entdeckte er hier ein neues Thema für seine Schriftstellerei: Er nahm sich vor, von einem Weitgereisten zu erzählen, der viele Abenteuer erlebt. Was, wenn es ihn auf eine einsame Insel verschlägt? Konnte er nicht auf diesen Gedanken kommen, da ihn die auf einer Insel erlebbare Einsamkeit schon länger interessiert hatte und weil er vertraut war mit dem sensationellen Bericht über ein vierjähriges Inselleben des Schotten Alexander Selkirk? Doch als echtes Vorbild konnte dies – entgegen einer weit verbreiteten Ansicht – nicht dienen; denn Selkirk hat auf seiner Insel die Sprache fast völlig verlernt. Das konnte nicht nach dem Geschmack des rastlos tätigen, intellektuell stets agilen Daniel Defoe sein, auch wenn er diese oder jene Anregung von Selkirks Abenteuer übernommen haben mag. Ist nun der vor kurzem von Tim Severin gefundene

Alexander Selkirk
Der schottische Seemann Alexander Selkirk ließ sich 1704 auf der unbewohnten Insel Juan Férnandez Más a Tierra (heute Isla Robinson Crusoe) aussetzen. Er wurde im Februar 1709 von Kapitän Woodes Rogers gerettet, der darüber in «A Cruising Voyage Round the World» berichtete (1712).

Reisebericht des Schiffsarztes Henry Pitman, den es auf die Insel Salt Tortuga vor der Küste Venezuelas verschlug, die eigentliche Quelle? Auch diese Frage ist zu verneinen; allenfalls handelt es sich um einen weiteren, für Defoe anregenden Text, aus dem er einzelne Details bezogen haben mag. Viel wichtiger ist die Annahme, dass Defoe durch ein Zusammenwirken verschiedener Anregungen seinen Roman verfasst hat. Zu diesen zählten insbesondere einige bereits existierende Robinsonaden, vor allem der «Krinke Kesmes» von Hendrik Smeeks.[120] Im deutschen Barockroman «Der abenteuerliche Simplicissimus» des Christoph von Grimmelshausen hatte die Weltreise des Simplicius ihr Ende auf einer Insel gefunden. Als Defoe seinen *Robinson Crusoe* schrieb, ist ihm wohl kaum bewusst geworden, dass er einen Roman neuen Typs geschaffen und da-

«Robinson Crusoe».
Titelillustration
der Erstausgabe von
1719

mit den englischen Roman auf einen ersten großen Höhepunkt geführt hat.

Mit *The Life and Strange Surprising Adventures of Robinson Crusoe of York, Mariner* gelang Defoe sofort ein völlig überraschender Bestseller-Erfolg; es kam im April 1719 in 1000 Exemplaren heraus, und schon im Mai, dann im Juni und wieder im August wurde eine Neuauflage erforderlich. In kürzester Zeit war somit dieser Roman zu einem der bekanntesten Werke in englischer Sprache avanciert. Bereits etwa vier Monate nach der Erstveröffentlichung erschien der Fortsetzungsteil *Die weiteren Abenteuer des Robinson Crusoe (The Farther Adventures of Robinson Crusoe)*. Im Jahr darauf kamen auch schon eine französische und eine deutsche Übersetzung heraus.

Dieser große Erfolg war nicht zuletzt der Tatsache zu verdanken, dass sich der Roman *Robinson Crusoe* doch stark von gewissen «Vorläufern» unterscheidet. Denn Defoe verfasst zwar einen fiktiven Roman, doch versetzt er sich ganz in die Situation eines bisher in seinem Leben sehr erfolgreichen Mannes, der auf einer Insel gestrandet ist, und fragt sich bis ins Kleinste: Wie gestaltet sich wohl ein solch einsames Leben? Daher entsteht beim Lesen die Illusion, es handle sich um eine Schilderung tatsächlicher Erlebnisse.

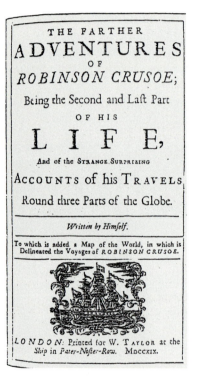

Titelblatt der Erstausgabe des Fortsetzungsteils von «Robinson Crusoe», London 1719

Frontispiz der Erstausgabe des dritten Teils
von «Robinson Crusoe», London 1720. Holzschnitt

Dieser Robinson ist der Sohn eines begüterten Kaufmanns aus dem fernen Bremen und soll nach seines Vaters Willen Jurist werden, um die Segnungen und Sicherheiten des Mittelstandes zu genießen. Dem Sohn allerdings sagt dieser Beruf nicht zu. Er wird von Abenteuerlust umgetrieben und will mehr aus seinem Leben machen. Mehrmals warnt ihn der Vater vor seinem Ehrgeiz. Doch Robinson reißt sich vom Elternhaus los und besteigt in Hull ein Schiff mit Kurs auf London. Trotz unzweideutiger Sturmwarnungen des Himmels führt ihn sein unbeugsamer Wille nach London, wo er eine kaufmännisch motivierte Seereise nach Guinea an der westafrikanischen Küste beginnt. Durch das gute Gelingen dieser Reise beflügelt, gibt er seiner Lust auf ein weiteres Reiseabenteuer nach. Allerdings wird das Schiff zwischen den Kanarischen Inseln und Afrika von Piraten gekapert und nach Salé an der marokkanischen Küste gebracht. Während dort die Mannschaft in die Sklaverei verkauft wird, nimmt sich der Kapitän des Piratenschiffes Robinson als persönlichen Sklaven. Eines Tages jedoch gelingt es ihm, mit dem Eingeborenen Xury zu fliehen. Ein portugiesisches Handelsschiff nimmt ihn auf und bringt ihn nach Brasilien. Dort verkauft er Xury und sein Boot und erwirbt mit diesem Geld eine Plantage. Nach wenigen Jahren ist aus ihm ein perfekter Handelsmann und erfolgreicher Plantagenbesitzer geworden.

Plötzlich drängt es ihn trotz seiner wirtschaftlichen Erfolge wieder nach neuen Unternehmungen, gesteht er doch von sich, dass er seiner *törichten Neigung, in der Welt umherzuschweifen*[121] wieder nachgeben müsse. Er möchte mit Afrika Handel treiben und sich von dort Negersklaven als billige Arbeitskräfte holen – wir kennen dies aus Defoes ökonomischen Schriften. Doch ein verheerender Sturm bringt das Schiff vor der Mündung des Flusses Orinoko im heutigen Venezuela zum Kentern. Die Mannschaft ertrinkt, er sieht nur noch drei Hüte, eine Mütze und zwei einzelne Schuhe auf der Meeresoberfläche treiben, sich selbst kann er auf eine nahe gelegene Insel retten. Diese ist für sein Überleben geradezu wie geschaffen, Pflanzen und Tiere bieten ihm Nahrung.

In unermüdlicher Tätigkeit lebt Robinson viele Jahre in völliger Einsamkeit dahin. Dadurch hat er sich in diesem irdischen «Paradies» bestens einzurichten vermocht. In größte Beunruhigung versetzt ihn allerdings die Entdeckung von Kannibalen, die zwei Gefangene verspeisen wollen. Robinson befreit einen der beiden, nennt ihn Freitag und macht ihn zu seinem Sklaven und Gefährten.

«Robinsons Genesung». Farblithographie. Aus: Robinson Krusoe von Joachim Heinrich Campe, bearbeitet von Karl Reimer, 6. Auflage. Leipzig o. J. (um 1890)

Wieder vergehen mehrere Jahre, bis ein spanisches Schiff gesichtet wird. Es gelingt ihm, sich dieses Schiffs zu bemächtigen und den von meuternden Matrosen gefangenen Kapitän zu befreien. Mit diesem Schiff kann er endlich nach 28 Jahren die Inseleinsamkeit verlassen und nach Europa zurückkehren. Zudem hat er es ohne sein Zutun zu beträchtlichem Reichtum gebracht, denn seine brasilianische Plantage wurde von Freunden für ihn weitergeführt, sodass er nun ein recht großes Vermögen in Besitz nehmen kann. Er gründet eine Familie und macht sich nach dem Tod seiner Frau nochmals auf, die Insel zu besuchen. Die dort zurückgelassenen spanischen Meuterer, die inzwischen eine Kolonie gegründet und mit Eingeborenenfrauen Kinder gezeugt haben, erhalten einen Teil der Insel zur Pacht.

Lässt man diese etwas verkürzend wiedergegebene Geschichte Revue passieren, dann zeigt sich, dass Defoes großer Roman viel mehr zu bieten hat als spannende Unterhaltung für die Jugend. Der Sohn, der sich dem Willen der Eltern widersetzt und nicht den vom Vater gewünschten Beruf ergreift, macht eine Entwicklung zum reifen Erwachsenen durch. Sein heftiger Wunsch, die Welt kennen zu lernen, Abenteuer zu erleben, geht dank seiner großen Willensstärke in Erfüllung, die wohl jeden Leser beeindruckt; sie kann aber auch als exemplarisch für das unternehmerische Bürgertum des frühen 18. Jahrhunderts gedeutet werden. Die Gründung einer Plantage in Brasilien mit der Erwirtschaftung eines beträchtlichen Profits ist eigentlich der Beginn einer Erfolgsstory. Bei seinem späteren Inseldasein verhelfen ihm ausgesprochen bürgerliche Tugenden zum Überleben – wie unermüdlicher Fleiß, die Bewertung der Arbeit als menschliche Bestimmung, ferner eine kluge, vorsorgende «Lebensgestaltung sowie die Fähigkeit zum Maßhalten. Und nicht mit dem zu Haus Gebliebenen, nicht mit dem Stubenhocker ist Gott in *Robinson Crusoe*, sondern mit dem, der sich selbst zu helfen weiß.»[122] Gleich noch ein anderes Sprichwort bewahrheitet sich an Robinson: Not macht erfinderisch. Defoe ist überzeugt und will es am Beispiel Robinsons aufweisen, dass der Mensch, wenn nötig, jede Art von Tätigkeit oder handwerklicher Arbeit, zu erlernen fähig sei (I, S. 87). Dadurch wird sein Held zum perfekten «Selbstversorger» in einer primitivistischen Utopie.[123] Die im damaligen Europa bereits vollzogene Spezialisierung wirtschaftlicher Produktivität wird von ihm sozusagen rückgängig gemacht. Robinson bewährt sich etwa als Zimmermann, Töpfer, Korbflechter, Landwirt und Bäcker in einem[124], und er baut sich zudem noch eine Behausung.

Mit Recht ist darauf hingewiesen worden, dass Robinson mit seiner Arbeit ausschließlich sich selbst dient. Denn was Defoe schildert, ist nichts anderes als die Selbstbehauptung des Individuums, die nun im 18. Jahrhundert zu einem großen Thema wird. Robinsons Erzeugnisse sind weder der Konkurrenz des Marktes ausgesetzt, noch zieht er aus ihnen materiellen Gewinn. Und von wem sollte er ausgebeutet werden? Allerdings findet bei Robinson die Tatsache ihren Niederschlag, dass sich der erstarkende neue Individualismus eben hauptsächlich kaufmännisch-wirtschaftlich definiert. In Brasilien war er als Handelsmann tätig, und kommerzielles Denken verlässt ihn daher nie völlig. Dies ist auch nicht anders zu erwarten bei einem Autor, der vom Thema Handel ganz durchdrungen war. So kommentiert Robinson zwar seinen Goldfund mit den berühmten Worten: *Du Gift [...] wozu bist du nun gut? Für mich bist du nicht einmal soviel wert, daß ich dich vom Boden aufhebe [...] ich habe keine Verwendung für dich, bleibe, wo du bist, und geh unter als eine Kreatur, die nicht wert ist, gerettet zu werden.* (I, S. 78) Dennoch bewahrt er das Gold «instinktiv» auf für eine eventuelle spätere Rückkehr in die Gesellschaft, und bei seiner Rettung vergisst er nicht, das Gold mitzunehmen. Als er sich auf der Insel über seine Lage klar zu werden versucht, stellt er ihre Mängel und Vorzüge einander gegenüber und tut dies in einer Weise, die an die kaufmännische Buchhaltung von Soll und Haben erinnert. Er ist einerseits ohne Hoffnung, aber noch am Leben, von allen Menschen zwar getrennt, andererseits doch nicht hungers gestorben; er konnte sich nicht gegen wilde Tiere schützen, wurde bisher aber auch nicht angegriffen, und aus dem Schiffswrack hat er sich viele nötige Dinge holen können. Sind es aber materielle Werte, die hier verglichen werden? Durchaus nicht. Er ist natürlich kein Kapitalist, sondern er hat ja im Gegenteil aus Abenteuerlust seine Gewinn bringende Plantage verlassen. Daher ist er mit seiner regen produktiven Tätigkeit auf der Insel auch sicher nicht, wie Marx argumentierte[125], als Modell für ökonomische Studien geeignet. Er verfügt über keinerlei Möglichkeit zur praktischen Ökonomie, zum Handel mit und zum Verkauf von produzierten Waren. Da er durch seine Plantagenarbeit in Brasilien reich geworden ist, war es vom ökonomischen Standpunkt aus sogar ein Fehler, diese Plantage zu verlassen. Um ein echter ökonomischer Charakter zu sein, fehlt ihm eine wichtige Voraussetzung – die sesshafte Ausdauer.[126] Im Fortsetzungsteil konkretisiert er sein Fernweh dahingehend, es treibe ihn mit *einem rastlosen Verlangen* zu einem fernen Ziel, doch wenn er dort angelangt sei, überwältige ihn ein ebenso heißer Wunsch, *in die Heimat zurückzukehren* (I, S. 426). Verbirgt sich dahinter etwa eine gewisse neurotische Ruhelosigkeit?

Gern wird fälschlich behauptet, Robinson musste auf seiner Insel den gesamten Zivilisationsprozess der Menschheit gleichsam in teleskopischer Verkürzung noch einmal absolvieren. Diese Annahme ist aus zwei Gründen falsch. Erstens ist er ja im Besitz wichtiger Fähigkeiten und Kenntnisse gestrandet, die er durch Erziehung und Bildung in England erworben hat, woraus er jetzt Nutzen ziehen kann. Und zweitens muss er auch deshalb nicht bei Null anfangen, weil er mit mehreren Floßfahrten aus dem vor der Küste liegenden Schiffswrack einen reichen Vorrat an technischen Utensilien, zum Beispiel den ganzen Werkzeugkasten eines Zimmermanns, holen kann, was für ihn von größtem Vorteil ist. Wie bezeichnend ist es doch, dass sich im Jahr 1779 ein gewisser Joachim Heinrich Campe mit einer eigenen Robinsonade von Defoes Vorbild deutlich zu unterscheiden suchte. In seinem Erziehungsbuch mit dem Titel «Robinson der Jüngere» soll der junge Mensch nämlich tatsächlich den gesamten Zivilisationsprozess wiederholen, weil ihm strikt die Möglichkeit genommen wurde, sich bereits vorhandener Geräte oder Instrumente und anderer zivilisatorischer Errungenschaften zu bedienen.

Defoes *Robinson Crusoe* hingegen erobert sich die wilde Natur mit seiner ganzen zivilisatorischen Kompetenz. Daher ist auch sein Naturverständnis gänzlich unromantisch. Dennoch war gerade Jean-Jacques Rousseau ein großer Bewunderer dieses Romans. Er war begeistert von der darin beschriebenen Selbstbehauptung des Individuums auch und gerade in der Erfahrung völliger sozialer Isolierung und Einsamkeit. Jedoch hatte er *Robinson Crusoe* so gelesen, als ob darin von einem edlen Wilden oder Naturburschen die Rede sei; er übersah alles, was im Text dagegen sprach. So kam es, dass Rousseau in seinem eigenen Erziehungsbuch «Emil» seinem heranwachsenden Jungen nur ein einziges Werk als Lektüre erlaubte, eben *Robinson Crusoe*, weil er dieses für die Erziehung zu einem natürlichen Menschen anstatt zum Bürger am geeignetsten hielt.

Jean-Jacques Rousseau. Gemälde von Maurice Quentin de Latour, 1753. Genf, Musée d'Art et d'Histoire

Doch müsse der Roman «von seinem überflüssigen Beiwerk befreit» und nur wegen seiner Inselepisode gelesen werden. So schafft Rousseau nebenbei die Voraussetzung für den Siegeszug des Romans als Kinderbuch.[127] Doch zweifellos missversteht er Defoes Robinson Crusoe, denn für diesen hätte die Aufforderung «Zurück zur Natur» nichts bedeutet. Defoe war nicht der Ansicht, dass ein Leben im ursprünglichen Naturzustand die Tugendhaftigkeit garantiere. Er sah sich darin sieben Jahre später durch einen Aufsehen erregenden Fall bestätigt. Man hatte einen Jungen gefunden, der in den Wäldern um Hannover wild aufgewachsen war, und nach England gebracht. Dies löste eine Flut von literarischen Reaktionen aus, und was

Wunder, dass auch Defoe zur Feder griff und seine Schrift *Eine Beschreibung der bloßen Natur* (*Mere Nature Delineated*) verfasste, in der er zu zeigen suchte, dass der Junge, Peter, in und von der Natur gar nichts gelernt habe. *Man hat ihn wild, nackt und stumm gefunden, niemand kannte ihn [...] er war kaum ein zu Gefühlen fähiges und schon gar nicht ein vernünftiges Wesen.*[128]
Dies entspricht ganz der Erkenntnisphilosophie eines John Locke, für den die Vernunft der Erfahrung bedarf.[129]

Anstatt vom heilsamen Einfluss einer unberührten Natur verwandelt zu werden, kultiviert Robinson die Wildnis nach seinen Vorstellungen. Im Rückblick beschreibt er alles, was er auf der Insel erlebt und getan hat, mit großer Liebe zum Detail. Dieser oft bewunderte erzählerische Realismus

Der wilde Junge Peter.
Holzschnitt nach einem Porträt von William Kent, 1726

trägt natürlich ebenfalls zur hohen Glaubwürdigkeit des Romans bei. Hier berühren wir überhaupt die große erzählerische Meisterschaft Defoes, die in der genauen, fast illusionistischen Schilderung liegt. Das trifft etwa auf seine packende Schilderung des Todeskampfs eines alten Ziegenbocks in einer Höhle zu (I, S. 171), wo Defoes Beschreibungskunst einen künstlerischen Höhepunkt erreicht.

So sehr versteht sich Robinson auf ein detailgetreu realistisches Erzählen, dass er sogar seine misslingenden Initiativen exakt wiedergibt, wie im Fall der Fehlkonstruktion seines ersten Kanus, das er nicht transportieren kann, weil es zu groß und schwer geworden ist. Durch diese liebevollen Schilderungen konkreter Einzelheiten nimmt der Roman stellenweise eine fast dichterische Qualität an.[130] Zugleich entwickelt Crusoe bei seinen Tätigkeiten auch eine Fähigkeit, die im späteren Verlauf des Jahrhunderts enorm an Bedeutung gewinnen sollte – die Phantasie. Mit seiner Phantasie nämlich, die er höchst zutreffend als *Gewalt der Einbildungskraft* (I, S. 179) benennt, verändert er das selbst Geschaffene, mit ihr überhöht er seine primitive Umgebung. Seine Höhle wird ihm zur Küche, sein Zelt zu seiner Burg. Am Ende empfindet er sich selbst als Monarch in seinem Inselkönigreich: *[…] ich war Herr über das ganze Gut, und wenn es mir gefiel, konnte ich mich König oder Kaiser nennen über das ganze Land, das in meinem Besitz war.* (I, S. 134) Es ist nun vor allem diese Eigenschaft der verwandelnden Phantasie Robinsons, die jugendliche Leser zu allen Zeiten angezogen und in Bann geschlagen hat.

So lernt Robinson auch recht bald, seiner aufgezwungenen Lebenslage positive Aspekte abzugewinnen; er genießt es mit berechtigtem Stolz, größte Schwierigkeiten gemeistert zu haben. Wenn er ausgesprochene Freude über sein paradiesisches Inseldasein empfindet, wird er anschließend freilich auch seiner Einsamkeit in schmerzhafter Weise gewahr. Seine «Familie» besteht nur aus seinem Hund, seinem Papagei und zwei Katzen. Zu Unrecht ist ihm der Vorwurf gemacht worden, ohne Emotionen zu sein. Doch ist zutreffend gesagt worden, dass der Leser nur selten an Robinsons Gefühlen wirklich teilnehmen kann.[131] Er sehnt sich durchaus nach Gemeinschaft. Erstaunlich ist aber, dass er nie ein Verlangen nach einer Frau empfindet, sondern als geschlechtsloses Wesen lebt.[132] Seiner religiösen Bekehrung schreibt er einen Wandel seiner Lebenshaltung zu. Ihr geht eine doppelte Erfahrung voraus. Zum einen die Freude, dass eine gütige Vorsehung einige aus dem Schiffswrack stammende Getreidekörner hat aufgehen lassen. Und auch später erlebt er immer wieder Momente eines Glücksgefühls. Auf der anderen Seite regen sich aber auch Angstempfindungen und Todesgedanken. Sie konkretisieren sich besonders in einem schrecklichen Traum, in dem er den erzürnten Gott erblickt: *Mir schien, ich […] sähe aus einer großen,*

*dunklen Wolke und in einer breiten Feuerzunge einen Mann herab-
steigen und den Boden betreten. Er selber war über und über so hell
wie eine Flamme [...] sein Gesicht war unaussprechlich furchtbar,
mit Worten nicht zu beschreiben. [...] er [...] schritt auf mich zu, in der
Hand einen langen Speer oder eine ähnliche Waffe, um mich zu töten;
[...].* (I, S. 102) Da erwacht Robinson und mit ihm sein Gewissen; er bekennt seine Schuld, beschließt sich zu bessern und
stellt nun sein Leben unter die göttliche Führung.

Dieses Bekehrungserlebnis ist viel diskutiert worden; es
entspricht einer Tradition der Puritaner, denen die Einsamkeit
als Voraussetzung für ihre Innenschau und Gewissensprüfung
wichtig war. Man führte geradezu eine Autobiographie über
das eigene geistliche Leben, wobei man in einem Tagebuch die
Fortschritte und Rückschläge festhielt.[133] Defoe selbst legt auf
die spirituelle Bedeutung der Einsamkeit großen Wert. Allerdings dringt bei Robinson die geschilderte Gotteserfahrung im
Traum nicht sehr tief; denn er ändert sein Leben nicht wirklich.[134] Und seine Angst wird nicht bewältigt.

Sehr bezeichnend, dass Robinsons religiöse «Bekehrung»
im Roman nicht nur keine größeren Spuren hinterlässt, sondern auch dass sie gleichsam «verdrängt» wird durch seine Ko-
lonialisierungsaktivität. Bald wird er nämlich selbst als kleiner
Gott auftreten und die Regeln des sozialen Zusammenlebens
bestimmen. Zunächst aber hat er hin und wieder erneut mit
seiner Angst zu kämpfen. Nur seine Angst erklärt, dass er erst
nach dreizehn Jahren wagt, seine Insel in ihrer Gesamtheit
zu erkunden. Angst bleibt die letzte Triebfeder seines Han-
delns.[135]

Diese bricht dann voll aus, als er nach so vielen Jahren eines Tages die berühmte Entdeckung einer menschlichen Fuß-
spur im Sand zur Mittagszeit macht (I, S. 153). Stammt sie etwa
vom Teufel?, fragt er sich. Es ist eine Entdeckung, «die den ge-
wohnten und geheimnislosen Ort für Robinson mit einer so jäh
erschreckenden, unfaßbaren Dynamik erfüllt, daß er schließlich wie gejagt in seine schützende Behausung flieht»[136]. Robinson, der sich nun *wie ein vollkommen verwirrter Mensch, ja
außer [sich] selber* (I, S. 154) fühlt, muss sich immerhin fragen,

1719

«Robinson gewinnt einen Genossen». Farblithographie. Aus: Robinson Krusoe von Joachim Heinrich Campe, bearbeitet von Karl Reimer, 6. Auflage. Leipzig o. J. (um 1890)

warum er nun, da seine alte Hoffnung auf eine Begegnung mit einem Menschen in Erfüllung zu gehen scheint, Angst vor ihr hat.

Und wie reagiert er konkret auf seine Begegnung mit Freitag? Dieser jedenfalls empfindet echte menschliche Gefühle gegenüber dem weißen Fremden (I, S. 195); von ihm aus gesehen bildet sich geradezu ein lebendiges Sohn-Vater-Verhältnis heraus. Doch von Robinson selbst lässt sich dies nur mit Einschränkung sagen. Denn er beansprucht von vornherein die Rolle des Kolonialherren. Zwar entwickelt er eine persönliche Beziehung zu ihm und erklärt: *[...] ich gewann ihn richtig lieb und auch ihm, glaube ich, war ich lieber als jemals ein anderes Geschöpf in seinem ganzen Leben* (I, S. 199); dennoch wird dieser Urbewohner der Insel nie sein wirklicher Partner, sondern bleibt immer Untergebener. Deshalb bringt er ihm auch als Erstes bei, ihn *Meister* zu nennen (I, S. 193) und lehrt ihn zunächst vor allem ja und nein zu sagen. Indem Robinson ihm den neuen Namen Freitag gibt, bringt er zum Ausdruck, dass es ihm nur darum geht, dem Wilden eine neue, christlich-europäische Identität zu geben. Er hat ihm dafür dankbar zu sein, und deshalb ist Crusoe berechtigt, ihn als Sklaven zu benützen.[137]

Dass Robinson Freitag als seinen Besitz erachten zu dürfen glaubt, kommt nicht von ungefähr. Er agiert damit bereits als Vertreter des europäischen Kolonisators, der die gesamte Insel schließlich als sein Eigentum betrachtet. Nach damals gültiger Rechtsauffassung konnte der Entdecker eines von der Zivilisation noch unberührten Landes über dieses nach seiner Eroberung verfügen. John Locke, dessen politische Philosophie eine wichtige Basis für Defoes Roman bildet, sprach es deutlich genug aus. Für ihn ist «all dasjenige wahrhaft mein, was ich mir durch Arbeit angeeignet habe»[138]. Ganz im Verständnis jener Zeit sieht sich Robinson daher auch als der *absolute Herrscher und Gesetzgeber* (I, S. 220), dem die Bewohner sogar ihr Leben verdanken. Es geht Defoe in *Robinson Crusoe* nicht darum, die neuzeitliche Kolonialisierungsidee zu problematisieren, wie dies vor ihm Shakespeare in seinem späten Stück «Der Sturm» getan hat, denn Defoe stand ja, wie wir sahen, ganz zu dieser Idee. Für Robinson wie für Defoe ist ein geordnetes Gemeinwesen nicht denkbar ohne einen starken, kampfbereiten Regenten, der von seinen Untergebenen eine gebührende Anerkennung seiner Autorität erwarten kann. Robinson rechtfertigt seine gottähnliche Macht, neigt zugleich aber zu inhumanem Verhalten. Doch keinesfalls sollen die Grausamkeiten der spanischen Eroberer wiederholt werden. Andererseits will er, und dies weist auf die Aufklärung voraus, das menschliche Zusammenleben auf der Insel nach den Prinzipien der Vernunft regeln; er erlaubt sogar Gewissens- und Religionsfreiheit. Am Ende existieren auf der Insel drei verschiedene religiöse Bekenntnisse. Mit Erstaunen stellt Robinson fest und weiß dafür keine Erklärung, dass die Wilden, die für ihn fraglos Kannibalen sind, ein Thema, das Defoe in die Robinsonaden einführt, sich den christlichen Europäern manchmal sogar moralisch überlegen zeigten, obwohl diese doch *erleuchtet*, «aufgeklärt», seien! (I, S. 220, m. Ü.) Trotzdem wird Freitag im Zuge seiner Zivilisierung zu einem protestantischen Christen gemacht. Als Freitag die knifflige Theodizee-Frage stellt, wie denn bei einem gütigen Gott das Böse in die Welt kommt, muss Crusoe freilich passen.

Mit seinem Roman, der, wie schon angedeutet, auch ein durchgehend reflexives, christlich-didaktisches Element enthält, wollte Defoe den zeitgenössischen Lesern zweifelsohne einen spirituellen Gehalt vermitteln. Doch wie sich zeigt, stoßen zwei ideologische Positionen hart aufeinander und werden nicht miteinander versöhnt.[139] Einerseits findet der traditionelle puritanische Gedanke Ausdruck, dass der Mensch in dem ihm von Gott zugeteilten Stand zu verbleiben habe, seine Sünden bedenken und sich reumütig bekehren müsse, dafür aber auch sein Leben als von einer gütigen Vorsehung geleitet verstehen dürfe. So sieht es Robinson als seine *eigentliche Verfehlung* (I, S. 184) an, den klugen Rat seines Vaters missachtet zu haben. Doch es ist zu fragen: Lässt ihn die Vorsehung den Weg in die Insel-Einsamkeit gehen, damit er ins Elend gerät und somit die Verkehrtheit seiner bisherigen Entscheidungen einsieht? Mitnichten. Ironischerweise kann auch sein Vater nicht wirklich erwarten, dass der Sohn seine dringende Empfehlung zur Sesshaftigkeit befolgt; denn auch er wanderte ja in seiner Jugend von Bremen nach England aus. Anderseits wird aber auch die neue progressive Ideologie artikuliert, dass der Mensch, ganz auf sich selbst und seinen kraftvollen Willen gestellt, ausschließlich für sich und sein Leben verantwortlich ist. Da er bei der Verwirklichung dieses individuellen Willens Risiken und Abenteuer mitsamt ihren Verlockungen zu bestehen hat, ist er aufgerufen, mit eigener Klugheit und Umsicht eine Gratwanderung zu absolvieren.[140] Das um autonomes Handeln bestrebte Individuum will sich nicht mehr durch die religiöse oder die weltliche Autorität einschränken lassen. Dabei erfährt es sich freilich auch als ein im Grunde einsames Wesen, und dafür hat Defoe das ungemein

Robinson Crusoe-Haus in Bremen
Der Kaffee-Kaufmann und Kunstmäzen Ludwig Roselius vollendete seine in den zwanziger Jahren des vorigen Jahrhunderts in Bremen erbaute Böttcherstraße mit dem Robinson Crusoe-Haus; denn er hielt ihn für einen Bremer Kaufmann, dessen Aktivität echten hanseatischen Geist verkörpere. Im Robinson Crusoe-Haus sollte in jener Zeit ein romantisches Bild von den Kolonien gezeichnet und für deren Produkte geworben werden.

wirkungsvolle Bild von Robinsons Leben auf der Insel erfunden.[141]

Mit der immensen Wirkung, die sein *Robinson Crusoe* sofort erzielte, hat Defoe bestimmt nicht gerechnet. Sie ist sicher auf ganz verschiedenartige Gründe zurückzuführen. So kam das Buch den Erwartungen des puritanisch-bürgerlichen Publikums seiner Zeit schon darin entgegen, dass es den Anspruch erhob, eine *wahre* Geschichte zu enthalten, und diese Garantie der Authentizität erhöhte noch die Spannung beim Leser. Der Trick, den der Autor im Vorwort anwendet, ist berühmt geworden und hat in der Romangeschichte Nachahmer gefunden: Defoe nimmt für sich nur eine Herausgeberschaft in Anspruch und tritt nirgends selbst in Erscheinung; er gibt vor, einem interessierten Publikum lediglich den autobiographischen, in der Ichform verfassten Bericht Robinson Crusoes (*den genauen Bericht wirklicher Begebenheiten* [I, S. 35]) zu vermitteln; daher finden sich darin, wie er behauptet, *keine Anzeichen einer freien Erfindung.* Auch erscheint Defoes Name nicht auf der Titelseite. Dass der ganze Roman aus der Perspektive des erzählenden Robinson geschrieben ist, intensiviert seinen Wahrheitsanspruch enorm. Die anderen Figuren werden dabei nur in der stets gleichen Sicht Robinsons beschrieben, sie bleiben ganz unwichtig. Defoe hat, wie oft bemerkt wurde, in den englischen Roman einen neuen Detailrealismus eingeführt. Nicht um Faktentreue handelt es sich indes dabei, «Realität» wird ja durch Fiktion erzeugt, aber diese beansprucht, wie er im Vorwort zu *Der Sturm* betont, «glaubhaft» zu sein und nichts Unwahrscheinliches zu enthalten. Defoe erreicht dies, indem er sich völlig in eine fiktive Figur hineinversetzt und diese dann den Roman in der Ichform erzählen lässt. In dieser Kunst hatte er sich inzwischen lange geübt; denn bereits viele seiner nicht literarischen Werke, wie etwa sein *Kurze[r] Prozeß mit den Dissenters!*, gaben vor, von einer fiktiven Person in der Ichform geschrieben zu sein. Für den zeitgenössischen Leser war somit die verlangte Glaubwürdigkeit des Textes ausreichend garantiert. Das Leserinteresse wird weiter angeregt durch den nie versiegenden Abwechslungsreichtum der erzählten Ereignisse. Obwohl dieser Roman der Erwartungshaltung seines zeitgenössischen Lesepublikums mit seinem puritanischen Fortschrittsoptimismus entspricht, beansprucht er aber auch – wie jedes große Kunstwerk – eine überzeitliche Gültigkeit, sonst hätte er nicht diesen Welterfolg erlangt. Ian Watts These, Defoe habe mit seinem Robinson eine geradezu mythische Gestalt geschaffen, liefert dafür eine überzeugende Begründung.[142]

Weil man sich als Leser leicht mit der zentralen Figur identifiziert, hat dieser Roman eine bis heute anhaltende Tradition mit zahlreichen interessanten Nachahmungen begründet, die hier nur sehr selektiv beleuchtet werden kann. Schon bald folgten Neufassungen wie etwa der Sächsische, Österreichische oder der bekannte Schweizerische Robinson von Johann David Wyß. Im späteren 18. Jahrhundert ist das Buch dann Vorbild für ausgesprochene Erziehungsliteratur geworden.[143] Ein weltweiter, unvergleichlicher Siegeszug als Kinderbuch begann. Aber auch James Fenimore Coopers berühmter «Lederstrumpf» ist in dieser Tradition zu sehen. Hier geht es statt der Eroberung einer unbekannten Insel um die Erschließung des amerikanischen Westens, und Freitag mutiert schlichtweg zu einem Indianer.[144] Die Abenteuer von Defoes berühmtem Helden haben ferner Übertragungen in den Bereich der Science-Fiction erlebt: Robinson auf dem Mond. Bekannt ist auch Jules Vernes «Die geheimnisvolle Insel». Aus den diversen Vertonungen ragt Jacques Offenbachs «Robinson Crusoe»-Operette heraus. Der Stoff erfuhr ferner nicht wenige Dramatisierungen sowie Verfilmungen, u. a. durch die Regisseure Luis Buñuel (1953), Caleb Dechanel (1988) und George Miller (1996) mit Pierce Brosnan in der Titelrolle. Schon bald nach dem ersten Erscheinen entstanden auch Romane, die das Thema weiterzuführen versuchten, zum Beispiel als Inselutopien wie in Johann Gottfried Schnabels «Insel Felsenburg». Jean-Richard Bloch verfasste einen jüdischen Robinson-Roman, in dem der Protagonist Palästina als seine «Insel» erlebt. Und auch aus China, das Robinson im Fortsetzungsteil ja selbst erkundet, ist ein Echo zu vernehmen. Umberto Eco schließlich spielt in seinem Roman «Die Insel des vorigen Tages» nicht nur subtil auf Defoes Roman an, sondern setzt sich auch intelligent mit dem 17. Jahrhundert auseinander.

Ein Roman wie *Robinson Crusoe*, der auch als Glorifizierung imperialistischer Kolonialisierung gelesen werden konnte, hat moderne Schriftsteller auch dazu motiviert, die Geschichte aus veränderten Perspektiven zu erzählen. Im Drama «Man Friday» von Adrian Mitchell (1974) spielt sich alles aus der Sicht Fridays ab, der aus dem Staunen über das besitzergreifende, neurotische Gebaren des weißen Mannes nicht her-

Frontispiz der Ausgabe des «Robinson Crusoe» von Grandville & Français-Brerière von 1840. Holzschnitt

auskommt. Robinson wird für seine Taten, mit denen er sich an der Natur und am Menschen versündigte, vor Gericht gestellt. Sehr bekannt geworden ist William Goldings Roman «Herr der Fliegen», in dem wir statt eines Schiffbruchs einen Flugzeugabsturz erleben, worauf eine gerettete Schulklasse eine negative Robinsonade, nämlich den Ausbruch des moralischen Chaos, auf der Insel erlebt.

Da der Roman *Robinson Crusoe* wegen seiner patriarchalischen Konzeption die Frau keine nennenswerte Rolle spielen lässt und da er auch als Glorifizierung imperialistischer Kolonialisierung gelesen werden konnte, musste er die Schriftsteller gerade in unserer Zeit zu subversiven Gegen-Texten provozieren. Ein wichtiges Beispiel ist etwa «Suzanne und der Pazifik» von Jean Giraudoux.[145] Darin versucht der moderne Autor eine Widerlegung des *Robinson Crusoe* aus weiblicher Sicht. Er wendet sich gegen die Anmaßung unserer technologischen Zivilisation, die Natur unterwerfen und vervollkommnen zu können. Besonders subtil und hintergründig erscheint uns indes der Roman «Foe» des südafrikanischen Schriftstellers John Michael Coetzee. Hier ist der Icherzähler nicht Crusoe, sondern die Frau Susan Barton, die in sein Leben getreten ist. Sie sucht mit Freitag den Schriftsteller Foe in seiner Londoner Wohnung auf, damit er ihre Lebensgeschichte verfasst. Ihr eigener, später aus weiblicher Perspektive geschriebener Text gerät damit in eine Art kritischer Konkurrenz zu Defoes *Robinson Crusoe*. Der Cruso, von dem bei Susan die Rede ist, ist durch die Jahre auf der Insel degeneriert, sein Horizont hat sich verengt. Ein Tagebuch hat er nie geführt, noch hat er ein Boot gebaut. Ohnehin hatte er aus dem Wrack nichts als ein Messer retten können. Bei Susan regt sich der Verdacht, dass Freitags Verstümmelung – seine Zunge wurde ihm herausgeschnitten – von Cruso zu verantworten ist, der nie an sprachlicher Kommunikation mit dem Schwarzen interessiert war. Der Schriftsteller Defoe hat – dies ist die implizite «Unterstellung» – mit seiner Kolonisatorenmentalität des frühen 18. Jahrhunderts den «tatsächlichen» Hintergrund der Geschichte in sein Gegenteil verkehrt: Da man vor den bösen Negern mit ihrem gewohnheitsmäßigen Kannibalismus, wie er glaubt, nur auf der Hut sein kann, lässt er Robinsons ganzes Denken und Tun von dieser Furcht beherrscht sein. Daher rettet Robinson in Defoes Roman den Zimmermannskasten und eine Muskete. Unwahr ist die uns bekannte Geschichte aus Coetzees Perspektive auch, weil Defoe den ganzen Aspekt von Crusos Beziehung zu einer Frau «unterschlagen» hat. Defoe erweist sich aus der Sicht von Coetzees Susan mit seinem in patriarchalischer Ideologie verfassten Roman als Widersacher der Realität und erhält konsequenterweise seinen ursprünglichen Namen «Foe» zurück, der, wie wir eingangs erwähnten, im Englischen konkret auch «Feind» bedeutet.

In Defoes *Robinson Crusoe* lässt sich im Übrigen die interessante Beobachtung machen, dass in die fiktive Gestalt Robinsons auch einige Züge von Defoes eigener Persönlichkeit, natürlich in verwandelter Form, eingegangen sind. Defoe hat eine solche Verbindung im dritten Teil von *Robinson Crusoe* (*Serious Reflections of Robinson Crusoe*) selbst hergestellt. Wie sein Robinson wurde ja auch er von einer inneren Rastlosigkeit getrieben, die es ihm unmöglich machte, dem Wunsch seines Vaters nachzukommen und Prediger zu werden. Wie seinen Robinson zeichnet auch Defoe der unbeugsame Wille aus, die größten Schwierigkeiten gegen alle Widerstände zu bewältigen. Dabei ist beiden die besondere Gabe förderlich, alles negativ Erlebte ins Positive zu wenden und die Realität nach eigenem Gutdünken zu transformieren; in Robinsons Worten: *Ich lernte, meinen Zustand mehr von der hellen als von der düsteren Seite aus zu betrachten.* (I, S. 135) Ohne diese Begabung wäre Defoe selbst schon früh gescheitert. Und ganz wie sein Robinson dachte er sich immer neue Projekte aus, auch solche, die über seine Verhältnisse gingen. Auch er konnte von sich sagen, dass er *selten müßig* war und *Begonnenes zu Ende brachte* (I, S. 123). Dabei kennen beide sehr wohl auch Fehlschläge; und wenn Robinson mehrfach beklagt, es sei seine Veranlagung, für seinen eigenen Ruin zu arbeiten, so denkt Defoe bei dieser Charakterisierung gewiss auch an sich selbst. Sein Leben als Geschäftsmann und politisch einflussreiche Persönlichkeit spielte sich in markanter Weise zwischen Erfolg und Versagen ab.[146] Wenn Crusoe zeitweise der Versuchung erliegt, das Gespräch mit sich selbst und mit Gott der sozialen Gemeinschaft vorzuziehen (I, S. 140), so erinnert dies zugleich an die Tatsache, dass auch Defoe zwar einerseits oft eine Rolle in der Gesellschaft zu spielen suchte, andererseits aber doch ein Mensch war, der auch die Zurückgezogenheit in sich selbst zum Überleben benötigte.

Eine Serie von Romanerfolgen beginnt

Zu Robinsons Erlebnissen vor seinem Schiffbruch gehört auch, dass eine Schiffsreise durch Piraten ein jähes Ende findet. Nach seinem großen Erstlingserfolg verfasst Defoe nicht nur eine *Allgemeine Geschichte der Piraterie,* sondern er schreibt nun auch einen Roman, in dem Piraterie ein wichtiges Motiv ist. Sein großes Interesse an diesem damals hochaktuellen Problem konzentriert sich auf die Frage, wie bei einem Menschen der Entschluss zum Piratenleben und damit zum gefährlichen Ausbruch aus der Gesellschaft entsteht. Die Brisanz des Problems und seine Lösung erklärt er sich so: Piraterie ist attraktiv für gesellschaftlich Gestrandete, vor allem für arbeitslos

Kapitän Henry Avery. Aus: Daniel Defoe: Eine allgemeine Geschichte der Piraten. London 1724. Übersetzt von Jörg Rademacher. Münster u. a. 1996

gewordene Seeleute; verschafft man ihnen aber wieder Arbeit, löst sich das Problem von selbst.

Sein in Eile geschriebenes, nicht sehr bekanntes Werk *Das Leben, die Abenteuer und Piratenzüge des berühmten Kapitän Singleton* belegt dieses Interesse. Es überrascht wie alle Defoe-Romane durch sehr interessante, hier nur selektiv anzudeutende Aspekte. Der Erzähler Bob Singleton wird als kleines Kind von Zigeunern gekidnappt und kommt als Schiffsjunge auf ein portugiesisches Schiff. Dort macht der Steuermann Singleton das Leben so zur Hölle, dass dieser ihm nach dem Leben trachtet. Nachdem ein Teil der Besatzung, darunter auch Singleton, nach einer gescheiterten Meuterei vom Kapitän auf Madagaskar ausgesetzt wurde, gelangen die Meuterer mit einem aus Wrackteilen erbauten Schiff an die Ostküste Afrikas. Den Widerstand der Ureinwohner schlagen sie nieder und einigen sich auf den *verwegensten, wildesten und verzweifeltsten Entschluß, der je von einem einzelnen oder einer Gruppe von Menschen gefaßt wurde – nämlich den, unseren Weg von der Küste von Mozambique an [...] bis zu der Küste von Angola oder Guinea [...] mitten durch das Herz von Afrika [...] zu Lande fortzusetzen – ein Weg, auf dem wir unter sengender Hitze nie bereiste Wüsten zu durchwandern hatten, ohne Wagen, Kamele oder andere Tiere als Lastenträger und immer darauf gefaßt, mit einer unzählbaren Menge wilder und gefräßiger Tiere [...] zusammenzutreffen.* (II, S. 542)

Man setzt sich diesem Abenteuer ohne Furcht aus, man übersteht es auch mit Intelligenz, Mut und Ausdauer.[147] Defoe bietet hier eine Geschichte von Menschen auf der Jagd nach Gold und wählt dafür den Kongo und damit das dunkle *Herz von Afrika*, ein Thema, das bereits an Joseph Conrads «Herz der Dunkelheit» erinnert. Wenn er dabei einerseits aus einer Quelle Nutzen ziehen konnte, so ist doch andererseits die Phantasie bewundernswert, mit der er auf höchst erstaunliche Weise das Innere Afrikas entstehen lässt.

Bald horten die Abenteurer auch tatsächlich große Schätze von Gold und Elfenbein. Sie erreichen endlich sogar die westafrikanische Goldküste und können die Schiffsreise nach England antreten. Nach sehr kurzer Zeit verliert Singleton jedoch vor allem durch sein ausschweifendes Leben seinen angehäuften Reichtum. Im zweiten Teil des Romans steht die schicksalhafte Bekanntschaft Singletons mit dem Quäker William Walters im Mittelpunkt. Frömmigkeit verbindet sich bei diesem mit Weltklugheit und handfestem Gewinnstreben, dem alles untergeordnet wird. William gerät aber von Anfang an in ein gewisses Zwielicht, denn wir erfahren, dass er durchaus nicht ganz gegen seinen Willen unter Piraten lebt und sogar zum Anführer erfolgreicher Piraterien avanciert ist. Die Freibeuter machen zugleich eine

Die Quäker («Gesellschaft der Freunde») entstanden im 17. Jahrhundert in England, angeregt durch ein visionäres Erlebnis von George Fox. Grundlegend für sie ist die mystische Erfahrung des «inneren Lichts», die den Verzicht auf jegliche kirchliche Vermittlung religiöser Inhalte bedingte. Daher rührt auch ihre Überzeugung von der Gleichheit aller Menschen (nicht zuletzt der gleichen Rechte der Frauen). Defoe zeigt beträchtliche, wenn auch nicht unkritische Sympathien für die Religiosität der Quäker.

Zeit lang gemeinsame Sache mit dem real existierenden Piraten Kapitän Avery, der seinerzeit einen legendären Ruf genoss.

Den Abenteurern bleibt Selbstverteidigung natürlich nicht erspart; sie sind dabei nicht zimperlich. Als sie sich einmal nach mehrjährigen Reisen und zahlreichen Abenteuern auf einer Insel von einer Gruppe von Indianern bedroht fühlen, die sich in einer Baumhöhle und den mit ihr verbundenen unterirdischen Gängen verschanzt haben, suchen sie diese mit allen Mitteln umzubringen, doch ohne Erfolg. Die Indianer verhalten sich ruhig; weil ihre Bekämpfung nicht mehr zwingend erforderlich ist, will man weiterziehen. Da kommt dem Quäker Walters, dessen Religion doch lehrt, keine Gewalt anzuwenden, der Wunsch, ihnen einen Denkzettel zu verpassen. Er schlägt vor, den Baum anzuzünden und den Eingang zur Höhle zu versperren. Nicht genug damit: Singletons Waffenexperte will an dem Baum sogar noch eine Ladung Sprengstoff anbringen, um zu sehen, ob sich die Eingeschlossenen dennoch befreien können. Der Sprengsatz wird gezündet, die Indianer in den unterirdischen Gängen und der Höhle kommen elendiglich um, einzelne Körperteile wirbeln durch die Luft;

darauf der für sich selbst sprechende Kommentar: *Wir hatten jetzt volle Rache an den Indianern genommen.* (II, S. 675) Dies ist eine der inhumansten Situationen, die wir bei Defoe finden. Sie ist auch nicht rational erklärbar, vielmehr legt sie menschliche Unberechenbarkeit schonungslos bloß. Übertroffen wird sie nur noch von einem Bericht im zweiten Teil von *Robinson Crusoe* (*The Farther Adventures of Robinson Crusoe*). Robinson ist mit einer englischen Schiffsbesatzung auf Madagaskar gestrandet. Ein Engländer vergewaltigt eine junge Ureinwohnerin. In der darauf folgenden Nacht müssen sie daher eine Gruppe herandrängender «Wilder» abwehren, wobei es zu einem Gefecht kommt, das Verwundete und Tote fordert. Als die Engländer den Kameraden, der die Frau vergewaltigte, mit durchschnittener Kehle aufgehängt finden, bricht sich bei ihnen blinde Rachgier Bahn, und ein gnadenloses Morden an den «Wilden» beginnt. Man treibt sie zunächst mit Feuer aus ihren Behausungen, und Männer und Frauen werden ausnahmslos von den *Schlächtern*, wie Robinson sie nennt, niedergemacht. Er bemerkt weiter: *[...] es begegneten uns so erschütternde Beispiele einer ganz und gar barbarischen Raserei und einer Wut, die alle Grenzen des Menschlichen überstieg, daß wir es für unmöglich hielten, unsere Leute könnten die Schuldigen sein [...].* (I, S. 417)

In *Kapitän Singleton* erscheint uns die Grausamkeit des Quäkers Walters umso beunruhigender, als er wenig später wieder eindringlich dafür plädiert, Menschen nicht ohne wirklichen Grund zu töten (II, 219). Zugleich erinnert er auch an die Vernunft und findet damit ebenfalls bei Singleton Gehör. Nach ausgedehnten Piratenfahrten fasst Singleton den Entschluss, den «Piratenberuf» mit dem des Kaufmanns zu vertauschen. Singleton und Walters haben in einer tiefen Freundschaft zueinander gefunden, die schließlich durch die Heirat Singletons mit Walters' Schwester bekräftigt wird.

Defoes weiterer Roman, *Die Geschichte und das außergewöhnliche Leben des sehr ehrenwerten Colonel Jacque* (II, S. 263 ff.), brachte es in zwei Jahren zu drei Auflagen; verständlich, denn wieder wird eine sehr bewegte und interessante Geschichte erzählt. Diesmal handelt es sich um die vollständige Autobiographie eines illegitimen Kindes vornehmer Eltern, das ausgesetzt wird und viele Wechselfälle des Lebens zu überstehen hat. Dem Kind gab man den Allerweltsnamen John, alle nannten ihn aber Jacque (Jack). Da seine Ziehmutter früh stirbt, muss er, der keinerlei Erziehung genoss, zunächst durch Bettelei überleben, gerät aber dann in schlechte Gesellschaft und beginnt unter ihrem Einfluss eine Karriere als Taschendieb. Doch tut er das Böse nur aus Naivität und Unwissenheit und glaubt unerschütterlich, ein geborener Gentleman zu sein. Sein Gewissen erwacht, nachdem er eine arme Frau trotz ihrer inständigen Bitten um Verschonung beraubt hat. Er erhält denn auch die Chance eines Neubeginns, aber die Vorsehung – immer ein wichtiges Motiv bei Defoe – hat sich, so bemerkt der Erzähler, dafür einen sehr weitläufigen Weg ausgedacht: Er wird von einem Kapitän gekidnappt und nach Virginia deportiert. Während die Deportierten üblicherweise zunächst fünf Jahre als Sklaven arbeiten müssen, hat Jack Glück. Er kommt nämlich zu einem aufgeschlossenen Plantagenbesitzer und zeichnet sich dort bald durch Fleiß und Ideen zu einer verbesserten Sklavenbehandlung aus. Durch eigene Lektüre kann er sich selbst Bildung vermitteln. Seine Erziehung wird sodann in Europa fortgesetzt, wo er mehrere Ehekatastrophen erlebt. Seine zweite Frau beispielsweise

Frontispiz der 4. Auflage des «Colonel Jacque», 1738

betrügt ihn in seinem eigenen Haus. Daraufhin beginnt er bei sich selbst seelische Abgründe wahrzunehmen, Mordgedanken steigen hundertfach in ihm hoch. Ein besonderer Höhepunkt ist die Erzählung von seiner dritten Frau. Sie war ihm eine gute Partnerin, besaß alle denkbaren Vorzüge, begann jedoch Medikamente zu missbrauchen und wurde nach und nach zur Alkoholikerin. Mit wenigen Strichen führt Defoe sehr gekonnt die Hölle einer Alkoholikerehe dem Leser vor Augen. Nun versucht es Jack ein viertes Mal mit einem einfachen Mädchen. Doch nach einer kurzen problemlosen Ehe stirbt die junge Mutter im Kindbett.

Nach Virginia zurückgekehrt, begegnet Jack dort wie durch ein Wunder erneut seiner ersten Frau, die wegen ihrer Vergehen in diese Kolonie deportiert worden war. Sie hat sich inzwischen zum Guten gewandelt, und da er sie in seiner liberalen Haltung trotz ihrer früheren Exzesse noch immer liebt, heiratet er sie ein zweites Mal und führt als gesellschaftlich Arrivierter mit ihr eine dauerhafte und glückliche Ehe. Ihm ist es gelungen, seinen Glauben, ein Gentleman werden zu können, den er von Kindheit an hatte, durch eine geglückte Verwirklichung sozialer Beziehungen in die Realität umzusetzen. So kann dieses Buch als eine Art Vorform des Entwicklungsromans gewertet werden.

Themenwechsel: Zwei Frauen ausser Rand und Band

Glück und Unglück der berühmten Moll Flanders Während seiner Gefängniszeit in Newgate hatte Defoe Gelegenheit genug gehabt, Schicksale von Verbrechern zu erfahren, um daraus in seiner Phantasie spannende Lebensgeschichten zu gestalten. Dies trifft besonders auf den Roman *Moll Flanders* zu. Defoe versetzt sich in eine von ihm erfundene Frauenfigur, die im Gefängnis von Newgate als Tochter einer Hure und Diebin geboren wird, durch Diebereien erneut dort landet und insbesondere in sexueller Hinsicht gegen jede Ordnung und Moral verstößt. Nach vielen Liebesverwicklungen, die den Einfluss des so genannten pikaresken Romans verraten, wird sie in eine britische Kolonie in Amerika deportiert, bereut ihr sündiges Leben und wird tugendhaft. Am Schluss des Romans kann sie in England einen gut gesicherten Lebensabend mit Jemmy, jenem ihrer Männer verbringen, den sie am meisten geliebt hat. In einem ausführlichen Vorwort rechtfertigt Defoe die Wahl dieses anrüchigen Stoffes: Das eigentliche Ziel ist es natürlich, den Leser vor einem solchen Schicksal durch ein abschreckendes Beispiel zu warnen. Doch Defoe weiß sehr wohl, dass gerade Molls unmoralisches Leben eine nicht zu unterschätzende verkaufsfördernde Qualität besitzt.

Schon Molls erster Liebespartner ist ein vitaler junger Mann, der Sohn jener Lady, in deren Diensten sie steht. Mit ihm genießt sie die Freuden sinnlicher Liebe. Da sie auf einer Ehe besteht, was er nicht akzeptieren will, ist er heilfroh, dass ausgerechnet sein jüngerer Bruder sich ebenfalls in Moll verliebt. Zögernd und schweren Herzens willigt sie in diese aufgezwungene Ehe mit dem Bruder ein. Dieser ist nämlich alles andere als ein feuriger Liebhaber. Der Ehebund, der fünf Jahre dauert, hat immerhin ihren sehnlichen Wunsch, eine Gentlewoman zu werden, erfüllt. Auch hinterlässt ihr Mann bei seinem plötzlichen Tod ein beträchtliches Vermögen. Danach heiratet sie einen Tuchhändler, der zwar ein Gentleman ist, aber den Charakter eines verschwenderischen Luftikus besitzt und daher Bankrott macht. Als er plötzlich verschwindet, ist sie einen Teil ihres Vermögens los. Sie nimmt sich, obwohl nicht geschieden, einen neuen Mann, einen Plantagenbesitzer, und fährt mit ihm nach Virginia.

Alex Kingston als Moll Flanders in der Granada Fernsehserie, 1996

Nach einigen Jahren wird es ihr zur schmerzlichen Gewissheit, dass ihre Schwiegermutter in Wirklichkeit ihre leibliche Mutter ist und sie daher ihren eigenen Bruder zum Mann hat. Aus dieser Ehe sind inzwischen drei Kinder hervorgegangen. Nach dieser bitteren Erkenntnis kehrt sie allein nach England zurück; da sie nur noch über begrenzte finanzielle Reserven verfügt, muss sie bescheiden leben. Dennoch will sie sich die modische Stadt Bath, ein damals beliebtes gesellschaftliches Vergnügungszentrum, nicht entgehen lassen. Bald lernt sie dort einen Gentleman kennen. Mit ihm lebt sie acht Jahre zusammen und hat von ihm drei Kinder, von denen eines überlebt. Überraschend überkommen den erkrankten Geliebten aber auf einmal Gewissensbisse, worauf er sich aus dieser illegitimen Verbindung löst.

Eine weitere Station in ihrem bewegten Leben ist ihre intime Beziehung zu einem Bankangestellten, der aber noch mit einer Hure, wie er sagt, verheiratet ist. Danach lernt sie in Lancashire einen Mann mit unseriösen Praktiken kennen, den sie auch heiratet. Leider meint er es nicht ehrlich, sondern spekuliert ebenso wie Moll darauf, durch eine Partnerschaft zu genügend Geld zu kommen. Nach der fälligen Ent-Täuschung trennt man sich, um wieder allein das Glück zu versuchen. Moll zieht nach London und quartiert sich dort in einer Art Bordell ein. Sie wählt diese Zuflucht als Schwangere, weil sie erfahren hat, dass dieses Bordell auch eine Entbindungsanstalt mit anschließender diskreter Versorgung der unerwünschten Babys ist. Hier will sie das Kind ihres Gatten aus Lancashire, ihr zehntes, zur Welt bringen. Da der Bankangestellte inzwischen durch den Selbstmord seiner Frau wieder ungebunden ist, heiratet sie ihn und bekommt von ihm zwei Kinder. Mittlerweile hat sie sich mit sage und schreibe dreizehn Männern eingelassen. Auch ihr neuer Gatte erleidet jedoch einen totalen beruflichen Schiffbruch und stirbt. Mit ihren nunmehr 48 Jahren muss sie sich fragen, was aus ihren zwölf Kindern werden soll.

Tatsächlich erfahren wir über den Verbleib ihres zahlreichen Nachwuchses nicht viel, und dies nimmt uns weniger für sie ein, wogegen ihre Vitalität immer wieder fasziniert. Aber einmal bemerkt sie doch: *Ich war todunglücklich bei dem Gedanken, mich von dem Kind trennen zu müssen und dadurch vielleicht schuld zu sein, wenn es ermordet würde oder Hungers stürbe. Mit Schaudern sah ich dieses Schreckgespenst vor mir.* (II, S. 135) Starke Gefühle erlebt sie, als sie nach vielen Jahren einen ihrer Söhne wieder sieht. Moll ist keineswegs von Natur aus kriminell, mitnichten eine Frau, die hilflos dem Bösen ausgeliefert wäre. Ausgesprochen sympathisch klingt auch ihr Bekenntnis: *[...] es gibt Versuchungen, denen die menschliche Natur meist nicht gewachsen ist.* (II, S. 147) Der Sprachstil dieser Icherzählerin ist oft kolloquial und teilweise bewusst nicht immer korrekt, spiegelt aber in seiner kraftvollen Vitalität Molls Wesen eindrucksvoll wider. Man glaubt, dieser Frau beim improvisierten Erzählen zuzuhören, so sehr versetzt sich Defoe in sie mit seiner Empathie. Beispielhaft für ihre jugendfrische Engagiertheit beim Erzählen ihrer Liebeserlebnisse ist etwa ihre Enttäuschung über den Gentleman aus Bath, einen *kräftigen, starken Mann* (II, S. 91), der sich allerdings damit begnügt, sie die Nacht über lediglich in seinen Armen halten zu dürfen. Nach den Gesetzen der Natur hätte sie sich doch etwas anderes gewünscht; daher ist sie ehrlich enttäuscht: *Ich kann nicht behaupten, daß ich, wie er meinte, damit ganz einverstanden war.* (Ebd.)

Zugleich sorgt Defoe dafür, dass dem Leser allmählich bewusst wird, die Beteuerung ihrer Ehrlichkeit sei manchmal in Zweifel zu ziehen (z. B. II, S. 88), denn sie hat früh zu lügen gelernt; auch entwickelt sie sich zu einer Meisterin doppelzüngiger Sprache. Dass man dieser Erzählerin nicht immer trauen kann, ist zu einem wichtigen Aspekt in der Forschungsliteratur geworden. Moll Flanders findet auch nichts dabei, sich als Witwe zu verkleiden, wenn es für sie von Vorteil ist. Ebenso wenig wie ihr Lebensweg bis hin zu ihrer Reue von Moral bestimmt ist, sind auch ihre diversen Begegnungen mit Liebhabern *durch jenen Betrug, den man Liebe nennt* (II, S. 50), motiviert, wie sie in nicht mehr zu überbietender Ernüchterung formuliert. Vielmehr erfolgen sie aus Berechnung und in der Hoffnung auf einen materiellen Gewinn, um endlich finanzielle Si-

«A Harlot's Progress» (Der Lebenslauf einer Dirne), Blatt 1: Ankunft in London. Moll wird von einer Kupplerin angesprochen. Kupferstich und Radierung, koloriert, von William Hogarth, 1732

cherheit zu erlangen. So kann ein Sexualakt geradezu durch Geldmetaphorik ersetzt werden, wie bei jenem Liebhaber, der nur den Wunsch hat, ihre Geldbörse sehen zu wollen, die geradezu vaginale Assoziationen weckt.[148] (II, S. 88) Zunächst engagieren wir uns zwar für ihre prekäre Lage; als auf sich gestellte Frau ist sie in der damaligen Gesellschaft ja völlig ungeschützt. Doch nötigt die Tatsache uns zur Distanz, dass es ihr schon bald möglich gewesen wäre, ein ehrliches und auch materiell gesichertes Leben zu führen, wenn sie auf ihren sozialen Ehrgeiz verzichtet hätte, den Defoe in seinem Pamphlet *Über das Große Gesetz der Unterordnung (The Great Law of Subordination Consider'd)* satirisch behandelt.[149]

Will Defoe mit diesem Roman die Gesellschaft ändern? Keinesfalls. Aber er übt doch eine gewisse Kritik an den herrschenden gesellschaftlichen Zuständen. Wir erleben immer wieder auf recht drastische Weise, wie Moll als Frau zu leiden hat unter der Aggressivität und Gier einer von Männern geprägten Welt.[150] Dass sie als Angehörige der untersten Schicht nach einem gesicherten Auskommen trachtet, ist darum durchaus verständlich. Doch trotz alledem hat Moll ihr Schicksal im Wesentlichen sich selbst zuzuschreiben.[151]

Diebe im «Zeichen der Wiege»   Als in Moll die Erkenntnis heranreift, dass sie mit ihren 51 Jahren nicht mehr gut zur Venusdienerin taugt, beginnt sie die Karriere einer Diebin. Die Verbindung der beiden Motive gelingt Defoe äußerst geschickt. Sie war schon im ersten Teil dadurch vorbereitet worden, dass Moll in einer Kutsche einen Freier erst bestiehlt, bevor sie ihm zu Willen ist. Vor allem geschieht dann die Verknüpfung in der Person der Chefin jener bordellhaften Entbindungsanstalt, der «Mutter Mitternacht». Hier lernt Moll auch junge Frauen ihres Schlages kennen, für die bereits der Diebstahl zu einer Form des Lebensunterhalts geworden ist.

Diese zweite Hälfte des Romans ist nicht minder interessant als die erste; denn hier wagt Defoe recht tiefe Einblicke in seelische Zustände. Noch stärker als bisher interessieren ihn nun extreme psychische Befindlichkeiten des Individuums. Aus genauer psychologischer Kenntnis lässt er Moll davon erzählen, was in ihr vorgeht, als sie zum ersten Mal stiehlt, und wie dieses Verhalten bei ihr dann zur Gewohnheit wird. Ein Schauder erfasst sie angesichts der Tatsache, dass sie nach der ersten geglückten Tat zu einer Diebin geworden ist. Mit Recht ist jene Szene berühmt geworden, in der sie einem kleinen Mädchen begegnet, das ein wertvolles Halskettchen trägt. Während Defoe einst einen Bekannten, wie wir uns erinnern, erzählen ließ, er sei durch einen von ihm im Traum gewagten Diebstahl, verbunden mit Mordgedanken, aus dem Schlaf aufgeschreckt, bestiehlt Moll hier das Mädchen tatsächlich und ist in einer konkreten dramatischen Situation versucht, dem Kind auch noch den Garaus zu machen: *Wieder trat der teuflische Versucher an mich heran und riet mir, das Kind in dem dunkeln Gäßchen umzu-*

bringen, damit es mich nicht durch lautes Geschrei verraten könnte (II, S. 151). Heftig weist sie dann doch diesen Gedanken zurück. Ihren Diebstahl rechtfertigt sie freilich nachträglich – dies eine psychologisch glaubhafte «Rationalisierung» – mit dem Argument, sie habe damit die Eltern des Mädchens wegen ihrer Nachlässigkeit bestraft und sie veranlasst, das nächste Mal besser auf ihr Kind aufzupassen. Aber sie ist nun doch immerhin

Moll Flanders mit gestohlener Taschenuhr. Gemälde, William Hogarth zugeschrieben

recht geschockt durch die Tatsache, dass ihr überhaupt ein Mordgedanke gekommen ist. Mitten in der Londoner City ergreift sie die Flucht. Die genaue Beschreibung ihres Fluchtweges mit all den von ihr benützten Straßen und Gassen ist sozusagen die äußere Konkretisierung der wirren Vorgänge in ihrem Inneren. (II, S. 151).

In einem späteren, ruhigen Moment wird Moll bewusst, dass sie nun durch ihre Diebereien nicht weniger als 500 Pfund angesammelt hat (II, S. 171). Damit ist der kritische Punkt einer möglichen positiven Wende ihres Lebens gekommen.

Trotzdem entscheidet sie sich für das Böse; denn noch immer ist sie die Gefangene ihres Stolzes. Diesmal hält sie sich ihre einzigartige Diebskunst zugute. Wenn sie ganz unverfroren von ihrem kunstfertigen Handwerk und ihrem Handel spricht, verbrämt ihre Sprache in faszinierender Weise den kriminellen Aspekt ihres Tuns.[152] Jede neue Möglichkeit für einen Diebstahl ist für sie eine prickelnde Herausforderung, gerade auch, weil ihr die Größe ihres Risikos, Newgate und die Todesstrafe, vor Augen steht und weil natürlich die allgemein verbreitete Habgier auch sie erfasst hat. So sehr schwindet ihr humanes Empfinden, dass sie sich über den Galgentod einer Kumpanin freut, nur weil sie nicht mehr gegen sie aussagen kann. Doch nach vielen Schnäppchen (im Original: *bargains*[153]), die sie glaubt gemacht zu haben, wird sie geschnappt und in das Newgate-Gefängnis, den Ort ihrer Geburt, gebracht. Damit hat sich ein Teufelskreis geschlossen. Moll Flanders erlebt in Newgate die Hölle. Aber sie schafft es, ihr zu entkommen – innerlich und im konkreten Wortsinn. Sie befreit sich von ihrer diabolischen Verhärtung, indem sie Mitleid empfindet mit dem Schicksal eines anderen Menschen – ironischerweise ist dieser andere ihr eigener früherer Gatte aus Lancashire. Dieses Mitgefühl löst bei ihr die Reue über ihr bisheriges Leben aus.[154] *[...] ich war ein ganz andrer Mensch geworden.* (II, S. 218) *Meine Schuld kam mir erst jetzt richtig zum Bewußtsein.* (Ebd.) Auf einmal wird sie zum selbstkritischen Denken befreit, zu dem auch Robinson Crusoe gefunden hatte: *Ich begann wieder nachzudenken, und tat damit schon einen ersten Schritt von der Hölle zum Himmel.* (Ebd.) *Wer dem Denken wiedergegeben ist, ist sich selbst wiedergegeben.* (Ebd.) Diese Erkenntnis wird allerdings verdrängt durch die Angst vor der drohenden Vollstreckung ihres Todesurteils. Sie muss sich ganz darauf konzentrieren, wie sie diesem entkommen kann, was durch die Intervention eines Geistlichen auch gelingt. Doch zugleich lernt sie, besser als auf eine Befreiung durch Gott zu warten, ist es, in praktischem Handeln sich selbst zu helfen und sich mit Geld den Weg in die Freiheit zu bahnen. So eröffnet sich für sie in den englischen Kolonien in Amerika die Chance eines Neuanfangs. In der Kolonie konnte man sich mit Geld von mehrjähriger Sklavenarbeit freikaufen und eine Plantage erwerben. Sie reist später sogar noch einmal nach England, um Notwendiges – dazu gehören zwei Diener – für ihre Plantagenarbeit einzukaufen. Der Roman endet damit, dass das Paar Moll und Jemmy in England einen völlig sorgenfreien Lebensabend genießt.

Die Frage drängt sich deshalb auf: Ist Molls späte Reue wirklich glaubhaft? Man muss dies doch eher mit Nein beantworten. Bedeutung und Größe des Romans liegen sicher in der überaus detailgenauen und variationsreichen, fast illusionistischen[155] Schilderung des kriminellen Milieus und in der Nachzeichnung von Molls moralischem Niedergang sowie in der Art, wie sie sich in einer chaotischen Welt zu behaupten sucht. Wie alle Defoe-Figuren ist auch sie eine große Einsame. Der zusätzliche «Reiz» dieses Romans besteht ferner darin, dass der Leser durch den ausführlichen Titel von vornherein über die Hauptstadien ihres Lebens informiert ist und daher aus der Distanz miterleben kann, wie sie in immer neue knifflige Situationen gerät, in denen sie stets ihre wahre Identität verbergen muss. Kunstvoll ist auch die Diskrepanz zwischen der gealterten, lebenserfahrenen Moll, die aus der Erinnerung heraus erzählt, und der jugendfrisch handelnden und sprechenden, mitten im Leben stehenden und spontan agierenden Moll. Nie erfahren wir übrigens ihren wirklichen Namen. Der Name «Moll» hatte nämlich für die damalige Leserschaft eine große Assoziationsbreite, so hießen Dienerinnen, aber auch Prostituierte, und so nannte sich auch eine notorische Taschendiebin.[156]

Moll, die in eine Welt des Scheins, des Rollenspiels und der Verstellung flüchtet[157], muss allerdings auch mehr als einmal erkennen, dass sie dabei selbst zum Narren gehalten wird und mit geradezu paradoxen Situationen zu leben hat: *Ich hatte einen Mann und doch auch wieder keinen.* (II, S. 53) Daraus ergeben sich in der Handlung auch zahlreiche reizvolle dramatische Ironien. Und Defoe ist ein Meister der Ironie.[158] Obwohl sie durch ihr kunstvolles Rollenspiel anderen immer neue Fallen zu stellen weiß und auch mit dem Leser ihr Spiel treibt, tappt sie schließlich selbst in die große Newgate-Falle.[159] Doch es ist faszinierend, wie sie sich niemals unterkriegen lässt und letztlich Siegerin bleibt. Dies, ihre intelligente Vitalität und nicht ihre Bekehrung, ist es auch, was in unserer Erinnerung wach bleibt. Daher ist es kein Wunder, dass sich dieser Roman nach seinem Erscheinen gleich großer Beliebtheit erfreute. Molls Welt tritt uns im Übrigen in optischer Konkretisierung auch in den großen Kupferstichen Hogarths entgegen. Einer seiner Stiche zeigt, wie sie bereits zu einem Teil der damaligen Alltagsrealität geworden ist. Auf diesem Stich, der Teil einer Serie ist, sind zwei Gesellen in didaktischer Absicht einander gegenübergestellt: Uns interessiert der faule Geselle, der nicht nur dem Alkohol einiges abgewinnen kann, sondern auch weibliche Reize nicht verachtet, was uns Hogarth durch eine ganze Reihe von sexuellen Symbolen subtil andeutet. In diese Bildthematik fügt nun Hogarth interessanterweise schon eine Ballade vom Leben der Moll Flanders ein, die sich der Geselle als «Trost» für die von

«Industry and Idleness» (Fleiß und Faulheit), Blatt 1: Die Lehrlinge an ihren Webstühlen. Kupferstich von William Hogarth, 1747. Über dem Lehrling links hängt ein Zettel mit der Überschrift «Moll Flanders» – wie auf der Ausschnittsvergrößerung S. 103 zu sehen ist.

ihm verabscheute tagtägliche Arbeit an einen Balken geheftet hat.¹⁶⁰

In ziemlich vergleichbarer Absicht schrieb Defoe noch einen weiteren Roman, meist zitiert unter dem Titel *Roxana*, der leider viel zu wenig bekannt ist. In schöner Bildhaftigkeit kommt hier das Wesen der Hauptfigur durch ihren Auftritt auf einem Ball in der Verkleidung als türkische Roxana zum Ausdruck. Diese war nämlich in der zeitgenössischen Literatur ein bekanntes Symbol für sittenlose Liebe. Die geschilderte Freizügigkeit der Hofsitten erinnert zwar an die Zeit von Karl II., aber da Roxana nicht lange vor dem Jahr 1683 geboren ist, kann die Satire nur auf den Hof von Georg I. zielen, dessen Leben ebenfalls Anlass zu öffentlicher Kritik bot.

Georg I. (1660–1727)
Der Hannoveraner Georg I., dessen Ehe mit seiner Cousine Sophie Dorothea geschieden worden war, hielt sich mehrere deutsche Mätressen und weilte daher jeweils über längere Zeiträume auch in Deutschland. Durch die lockeren Sitten an seinem Hof machte er sich in Großbritannien unbeliebt. Da er das Englische nicht beherrschte, überließ er die Regierungsgeschäfte dem Kabinett, das von 1721 an vom berühmten Robert Walpole geführt wurde.

«Die glückhafte Mätresse [...] Roxana»

Auch mit diesem letzten Roman hält Defoe die Leser konstant in Spannung durch die packend geschilderte, ereignisreiche Lebensbeichte der Icherzählerin Roxana. Trotz oder gerade wegen ihres moralisch bedenklichen Wesens verfolgen wir gespannt ihr Schicksal, denn sie ist wieder eine vitale, spontane und mitten im Leben stehende und zu eigenständigem Denken fähige Frau, die der Moll Flanders jedoch an Intelligenz klar überlegen ist. Aufgewachsen in einer Hugenottenfamilie, die aus Glaubensgründen nach England fliehen musste, wird Roxana als junges Mädchen von außerordentlicher Schönheit mit einem Londoner Braumeister verheiratet. Bald jedoch muss sie feststellen, dass ihr Mann ein unbedarfter Dummkopf ist. Vom kaufmännischen Metier hat er nicht die geringste Ahnung und taugt im

«Roxana». Frontispiz der Erstausgabe, London 1724

Grunde nur dazu, Kinder in die Welt zu setzen. Statt auf Roxanas klugen, praktischen Rat zu hören und seine Bedürfnisse einzuschränken, verwirtschaftet er die Brauerei, das Erbe seines Vaters und auch noch die Mitgift seiner Frau. Als ihm bewusst wird, dass er seine Familie in den Ruin getrieben hat, ergreift er die Flucht. Ähnlich wie Moll Flanders, die von ihrem Kaufmann, dem Leinenhändler, verlassen wird, befindet sich nun Roxana in der paradoxen Situation, verheiratet zu sein und doch keinen Mann zu haben. Defoes Anteilnahme gilt besonders jenen Frauen, die einen Nichtsnutz ihr Eigen nennen, der nicht zu wirtschaften versteht und nicht einmal eine materielle Mindestsicherheit zu geben in der Lage ist.[161] Die sozialen Umstände beginnen Roxana regelrecht zu pervertieren, und zwar in stärkerem Maße als Moll Flanders. Daher erweckt sie denn auch beim Leser nicht die gleiche Sympathie wie jene, ja sie muss geradezu um Mitleid mit menschlicher Schwäche (II, S. 556) werben. Da sie ihre fünf Kinder nicht mehr aufzuziehen vermag, packt sie die Verzweiflung, und es kommt ihr sogar ein kannibalischer Gedanke! Schließlich gibt sie ihrer Dienerin Amy den desperaten Auftrag, die Kinder heimlich vor der Tür von Verwandten auszusetzen. Sie muss aber bald erfahren, dass diese sich aus der Affäre ziehen mit dem Argument: *Es ist doch Sache der Gemeinde, für sie zu sorgen.*

(II, S. 540) Wegen ihrer lang ausstehenden Miete beginnt der Hausbesitzer sie ebenfalls sehr zu bedrängen.

Doch nach einiger Zeit macht ihr dieser Vermieter, ein reicher Juwelier, verliebte Avancen. Es kommt auch zu Intimitäten, die von der Icherzählerin ohne puritanische Zurückhaltung geschildert werden. Roxana gewährt ihm ihre Gunst, weil sie diese Einwilligung in ihrer Not als Akt der Selbsterhaltung betrachtet und darin keine moralische Verwerflichkeit erkennt. Doch als er ihr die Heirat anträgt, weist sie dieses Ansinnen entrüstet zurück, da dafür die gesetzlichen Voraussetzungen völlig fehlen: Beide sind nämlich vom Ehepartner lediglich getrennt, nicht jedoch geschieden. Tatsächlich waren in den protestantischen Ländern des Kontinents die Scheidungsgesetze wesentlich progressiver als in England. Hier hatte einzig der große puritanische Dichter John Milton gefordert, was auf dem Kontinent schon eine Realität geworden war: Eine Ehe hat dann als aufgelöst zu gelten, wenn ein Partner mindestens vier Jahre unauffindbar verschwunden ist. Dies trifft in Roxanas Fall zu, dennoch wird ihr nicht das Recht auf eine Wiederverheiratung gewährt. Somit nimmt Defoe in dieser Frage einen kompromisslos konservativen Standpunkt ein. Die Folge dieses ungelösten Problems ist bei Roxana wie schon bei Moll Flanders eine «Vielmännerei», die hier weit stärker als in jenem Roman problematisiert wird. Da ihr Vermieter für sie eine Wohnung einrichtet und sich gleichzeitig im selben Haus ein eigenes Zimmer behält, empfindet sich Roxana als Hure und willigt schließlich doch in eine – aus ihrer Sicht – Scheinheirat ein. Weil sie in einer Scheinehe lebt, findet sie auch nichts dabei, wenn sich ihr «Mann» zur Abwechslung hin und wieder mit ihrer hübschen und lockeren Zofe Amy vergnügt. Da Roxana nach anderthalb Jahren noch nicht schwanger ist, legt sie ihrem «Mann» sogar ausdrücklich nahe: *Hier [...] versuch einmal, was du mit deiner Dienerin Amy tun kannst.* (II, S. 560) Als Amy sich ziert, wird sie von ihrer Herrin kurzerhand entkleidet und zum Juwelier ins Bett geschubst. Anschließend genießt sie voyeuristisch das von ihr inszenierte Bettgeschehen. Defoe bereitet es offenbar großes Vergnügen, durch die bemerkenswert sinnliche, fast schon ans Pornographische grenzende Intensität der Darstellung den Leser ebenfalls zum Voyeur zu machen. Indem Roxana, anstatt ihrer Dienerin ein Vorbild zu sein, diese noch explizit zur Unmoral animiert, macht sie sich aber vollends schuldig. Schon oft ist betont worden, dass Roxana die einzige Figur Defoes ist, die eine andere zur Untugend anstiftet und die im Rückblick erkennt, dass sie die *Beauftragte des Teufels geworden war, andere ebenso schlecht werden zu lassen, wie [sie] es*

«After» (Danach). Reproduktionsstich von Ernst Ludwig Riepenhausen von 1794/99 nach dem Kupferstich von William Hogarth, 1736

war (II, S. 561). Als der Juwelier aus geschäftlichen Gründen in Paris zu tun hat, wird er ausgeraubt und getötet. Durch seinen Tod sind die Gefühle, die Roxana für ihn inzwischen entwickelt hatte, plötzlich dahin, ihr Verlust wird jedoch – fast möchte man sagen – aufgewogen durch ein enormes Erbe, das ihr nun in den Schoß fällt.

Bald findet ihre Liebesfähigkeit ein neues Ziel; sie verführt einen französischen Prinzen, der sie daraufhin zu seiner Mätresse erhebt. Wieder lebt sie in einer zwar nicht legalen, aber doch erfüllten und zugleich offenen Zweierbeziehung; denn der Prinz ist ihr ein guter Partner, überhäuft sie mit wertvollen Geschenken und vermittelt ihr das Bewusstsein, nur ihr zu gehören, obwohl er verheiratet ist und noch weitere Mätressen sein Eigen nennt.

Während sie bisher nie einen Gedanken an das Schicksal ihrer fünf ausgesetzten Kinder verschwendet hatte, beunruhigt sie nun die Tatsache, dass sie ihrem Prinzen einen Bastard geboren hat. Der Prinz jedoch weiß sie mit entwaffnender Weltgewandtheit zu beruhigen. *Diese Dinge ließen sich nicht ändern.* (II, S. 589) Man müsse das Menschlich-allzu-Menschliche doch positiv sehen; die gesellschaftlichen Nachteile dieser Kinder würden schließlich dadurch wieder aufgewogen, dass sie ihnen im Erwachsenenalter als Ansporn zu tapferen Taten dienten, denn was im Leben wirklich zähle, sei *persönliche Tugend* (ebd.); diese erhebe einen Ehrenmann über den Makel seiner Geburt. Fast gewinnt man den Eindruck, dass Defoe trotz seiner konservativen Rechtsauffassung von der Ehe sozusagen insgeheim mit der Argumentation des Prinzen sympathisiert. Nur bereuen dürfe sie ihre Beziehung zu ihm nicht, ergänzt der Prinz, denn dies würde deren Ende bedeuten. Nein, bereut wird – noch – nicht, sondern Roxana genießt erst einmal das Leben wie eine Königin.

Auf einer Ausfahrt begegnet sie eines Tages – welch ein Zufall! – ihrem ersten Ehemann. Das Gesicht hinter ihrem Fächer versteckt, beobachtet sie ihn. Als sie ihn dann schließlich zur Rede stellt, verteidigt er seine Flucht mit dem Argument, er habe keinen anderen Ausweg aus einer hoffnungslosen Situation gesehen. Nun will Roxana endgültig nichts mehr von ihrem total degenerierten Ehemann wissen. Es dauert auch nicht lange, bis er Opfer eines Anschlags wird.

Bald lädt sie der Prinz auf eine zweijährige Grand Tour durch Italien ein, ein Land, in das sie sich schnell verliebt. Weitere acht Jahre genießt sie ihr Leben als heimliche Prinzessin, da stirbt plötzlich des Prinzen rechtmäßige Gemahlin, die er, wie der Leser nun überraschenderweise erfährt, sehr geliebt hat. Da ihn dieser Tod recht tief bewegt, bereut er seine Vergangenheit und entschließt sich, sein Leben radikal zu ändern. Respektvoll und ohne Kränkung löst er daraufhin sein Verhältnis mit Roxana. Ihre Trauer hält sich in Grenzen, denn sie hat es durch seine vielen Geschenke zu großem Reichtum gebracht. Zudem weiß sie sich im Besitz einer neuen Freiheit, die ihr in Zukunft viel bedeuten wird.

Lange dauert es nicht, bis die immer noch wunderschöne Roxana einen angesehenen, attraktiven Holländer kennen lernt. Wie kaum anders zu erwarten, wirbt auch er um sie. Da dieser Brautwerber den Beruf eines Kaufmanns ausübt und dazu noch aus dem protestantischen Holland stammt, woher auch der von Defoe so geschätzte König Wilhelm III. kam, sieht sich Roxana nunmehr einem Brautwerber gegenüber, dem sicher Defoes besondere Sympathie gilt. Doch Roxana akzeptiert ihn keineswegs als Wunschkandidaten. Er bekommt nämlich von ihr eine recht modern anmutende Definition der Rolle der Frau zu hören, die es ihr unmöglich macht, ihn zu heiraten. Als inzwischen erfahrene Geschäftsfrau mit einer gesicherten sozialen Position betont sie, *die Frau sei ebenso wie der Mann ein freier Mensch, sie sei frei geboren und könne sehr gut selbst für sich sorgen [...]. Die Ehegesetze aber schrieben es anders vor; diese hätten zur Folge, daß sich eine Frau durch die Heirat völlig aufgebe und kapituliere, um im besten Fall weiter nichts als eine Art bessere Dienstmagd zu werden [...] der Ehevertrag bedeute seinem ganzen Charakter nach weiter nichts als das Aufgeben der Freiheit, des Vermögens, der gesetzlichen Macht und aller übrigen Dinge an den Mann, und danach sei die Frau eben nur noch eine Frau, das heißt eine Sklavin.* (II, S. 645) Durch langjährige Erfahrung ist sie davon überzeugt, dass eine Geliebte sich in einer viel besseren Lage befindet als eine Ehegattin. Hier die Herrin, die die Freiheit hat, dem Partner den Laufpass zu geben, falls dieser unerträglich wird; dort die Untertanin eines Monarchen, die mit seinen Kränkungen und Entehrungen zu leben hat. *[...] solange eine Frau ledig sei, sei sie in ihrer rechtlichen Eigenschaft männlicher Natur, sie habe die volle Verfügungsgewalt über ihren Besitz und die volle Entscheidungsfreiheit über ihr Tun, sie sei als Alleinstehende dem Mann ebenbürtig und [...] niemand rechenschaftspflichtig und kei-*

nem unterworfen (II, S. 646). Sie fügt hinzu: *Nichts, was er darauf erwidern konnte, kam dem an Beweiskraft gleich.* (ebd.) Man kann diese hochinteressanten und mit so viel Verve vertretenen Thesen nicht anders verstehen, als dass Defoe erneut einer Figur mit beachtlicher Toleranz eine Meinung entschieden zu artikulieren erlaubt, die er zwar nicht teilt, für die er aber doch eine gewisse Sympathie aufbringt. Eine Frau darf immerhin die Möglichkeit einer Verbesserung ihrer sozialen Situation zu denken wagen. Auch wenn Defoe seine Roxana diese progressiven Ideen später wieder als böse Argumente zurücknehmen und dafür büßen lässt, billigt er dieser fiktiven Gestalt doch eine viel größere Argumentationsfreiheit zu, als man sie zur Zeit Defoes normalerweise erwarten würde. Hat er nicht auch einst die Gründung einer Frauenakademie vorgeschlagen? Als Antwort kann der holländische Kaufmann nur auf den Idealfall verweisen, der in der gegenseitigen ehelichen Zuneigung und Achtung bestehe. Es sei doch die *Aufgabe des Mannes, der Frau ein ruhiges und sorgloses Leben zu ermöglichen [...] es treffe sie doch immer noch das leichtere Los* (ebd.).

Da dieser achtbare Kaufmann nach dem Tod seiner Frau intensiv um Roxana zu werben beginnt, gibt sie sich ihm zwar hin; allein die Liebesnächte werden ihm als Vergütung für seine Sachwaltertätigkeit gewährt, keinesfalls bedeuten sie einen praktischen Ehevollzug. Roxana will in selbst gewählter freier Entscheidung eine Hure bleiben; denn die Freiheit erscheint ihr als höchstes Gut. Doch mit ihrem Bekenntnis zu einer Freiheit dieser Art handelt sie sich in tragischer Verblendung nur künftige Unfreiheit ein: Wird sie nicht gezwungen sein zu Geheimhaltung, Verstellung und Maskerade? Wird sie nicht ihre Freiheit ebenso verlieren wie ihre Würde?[162] Alle Versuche des holländischen Kaufmanns, sie zur Frau zu gewinnen, scheitern; nicht einmal mit dem Angebot, ihr das Ruder in der Ehe zu überlassen, schafft er es, sie umzustimmen, denn sie gibt ihm zurück: *Sie werden mir gestatten [...] das Ruder in der Hand zu halten, aber Sie werden die Kommandos erteilen.* (II, S. 648) Da der Geschäftsmann sein Werben nunmehr für aussichtslos hält, verlässt er sie, aber die auch finanziell völlig

Ein Blick in die Pall Mall. Kupferstich von John June nach L'Agneau, 1752

Unabhängige kann sich sogar teuerste modische Kleidung und eine Wohnung in Pall Mall, dem höfischen Viertel Londons, leisten. Diese hat den Vorzug einer Hintertür, durch die man direkt und diskret in die königlichen Gartenanlagen gelangen kann. Hat die strahlend schöne und jetzt auch immens reiche Frau nicht alle Chancen, sogar die Mätresse des Königs zu werden? Als groß geplantes Ereignis, das zugleich ein erzählerischer Höhepunkt des Romans ist, veranstaltet sie einen Ball, auf dem sie in der viel sagenden Verkleidung der türkischen Prinzessin Roxana erscheint. Die Wirkung, die sie auf die aristokratische Gesellschaft ausübt, ist überwältigend. Sie glaubt sogar, mit dem König selbst getanzt zu haben. Da sie ihren Reichtum inzwischen verdoppelt hat – allein ihre Jahreszinsen machen ein Vermögen aus und betragen mehr, als sie zum Leben benötigt –, muss sie sich eingestehen: *[...] so sündigte ich mit offenen Augen und sozusagen wachem Gewissen, in dem Bewußtsein, daß es eine Sünde war, aber ohne die Kraft, ihr zu widerstehen.* (II, S. 558)

Wenn es auch nicht der König ist, so findet doch während dieser Jahre ihres Lasterlebens ein Lord den Weg zu ihr als Liebhaber. Er erhält von ihr einen Schlüssel und damit das

Privileg, sie nächtens unbemerkt zu besuchen und praktischerweise direkt in ihr Schlafzimmer zu gelangen. Als er dort plötzlich erscheint, überrascht er Roxana im Bett mit Amy. Genüsslich schildert nun die Icherzählerin den Aufwand, dessen es bedurfte, den Liebhaber davon zu überzeugen, dass Roxana nur weiblichen Bettbesuch hatte. Nächte mit Amy im Bett zu verbringen, war im Übrigen schon seit langem für sie zu einer lieben Gewohnheit geworden. Doch bald wird sich das Verhältnis zu ihr gründlich ändern.

Verfolgungswahn und Mordgedanken   Roxana ist inzwischen über 50 Jahre alt; ähnlich wie bei Moll Flanders ist damit ein Wendepunkt in ihrem Leben erreicht. Nach wie vor erfreut sie sich ihrer Schönheit, doch nun regt sich ihr Gewissen immer stärker, sie denkt an das Schicksal ihrer fünf Kinder aus erster Ehe, denen sie sich unmöglich zu erkennen geben kann. Oft diskutiert sie die Situation mit Amy, die auch, wie schon oft bemerkt wurde, die Funktion eines zweiten Ich einnimmt. Diese macht den Aufenthalt der Kinder ausfindig und berichtet von ihrer bisherigen erbärmlichen Kindheit und Jugend. Vor allem die älteste Tochter Susan wird nun von dem heftigen Verlangen getrieben, die Identität ihrer Mutter herauszufinden. Dies versetzt Roxana in größte Beunruhigung. Angewidert von ihrem Kurtisanenleben, entschließt sie sich nun zu einer gänzlich anderen Lebensform und bezieht in der City eine Wohnung im Haus einer sympathischen Quäkerfamilie, einem *Frauenhaushalt* (II, S. 698), wie es heißt, denn das väterliche Oberhaupt hat auch hier, wie ihr eigener einstiger Mann, schon lange das Weite gesucht. Bald avanciert die sympathische Quäkerin zu ihrer Vertrauten; auch legt Roxana das asketische Quäkergewand an – ein größerer Gegensatz zu ihrer früheren luxuriösen Erscheinung lässt sich nicht denken. Nun reift in ihr die Erkenntnis, mit der Ablehnung des holländischen Geschäftsmanns den größten Fehler ihres Lebens gemacht zu haben. Dieser freilich befindet sich schon längere Zeit wieder in London. Dass er sie ausfindig gemacht hat, versetzt sie in größte innere Erregung. Der Geschäftsmann führt jedoch eine Wendung herbei, als er ihr eröffnet, er würde im Falle einer Heirat nicht nur eine Lady aus ihr machen, sondern für sie auch noch den Titel einer Gräfin käuflich erwerben. Damit hat er die ehrgeizige Roxana endlich gewonnen, und sie wird ein Mitglied des Geldadels.

Ihre Ankündigung, *alle unsere glücklichen Tage lagen noch vor uns* (II, S. 727), kann freilich nur als grausige dramatische Ironie verstanden werden, die Defoe ja meisterhaft beherrscht; denn nun setzt bei ihr ein Prozess der Destruktion ihrer Psyche ein. Die Angst vor ihrer eigenen Vergangenheit beginnt allmählich *ihre Seele aufzuessen* (II, S. 745, m. Ü.). Sie war von *Ängsten und schrecklichen Dingen, die mir nur meine Einbildung vorgaukelte, behext und entweder erschöpft und unausgeschlafen oder hysterisch* (II, S. 745). Sie, für die einst die Freiheit das höchste Gut war, fühlt sich nun verfolgt. Nachdem sie sich früher um ihre Kinder nicht gekümmert hat, lässt nunmehr ihre Tochter Susan nichts unversucht, ihre Mutter ausfindig zu machen. Roxana erlebt Phantasie- und Wahnvorstellungen, deren Intensität schon in gewisser Weise Dostojewskij vorwegnimmt.[163] Als Roxana einmal zufällig ihre Tochter zu Gesicht bekommt, hat dies bei ihr eine starke Verwirrung der Gefühle zur Folge. *Ich spürte, wie mir etwas durch das Blut schoß, mein Herz flatterte, meinen Kopf durchzuckte gleichsam ein Blitz, mir schwindelte, und es war, als drehe sich alles in mir um […] ich glaubte, ich müsse sie in die Arme nehmen und sie tausendmal immer wieder küssen, ob ich wollte oder nicht.* (II, S. 756) Auch Amy ist verwirrt ob der Unerbittlichkeit Susans. Es ist pure Verzweiflung, wenn ihr im Dialog mit ihrer Herrin und aus großer Sorge um sie der Gedanke entfährt, die unerträgliche Susan müsse in die Themse geworfen werden. Darüber ist Roxana jedoch so erbost, dass sie Amy eine *Mörderin* nennt, die sie nicht mehr wieder sehen möchte (II, S. 787). Ihre Nerven liegen blank, ein Tremor befällt sie. Bald ist sie fest davon überzeugt, dass Amy ihren Plan bereits wahr gemacht hat. Wir als Leser erhalten darüber indes bis zuletzt keine Gewissheit und wissen nicht, wie Amy schließlich das Problem der verfolgungssüchtigen Susan gelöst hat; es bleibt ihr Geheimnis. Dass wir davon nichts Genaues erfahren, wird als volle

Absicht begreifbar, wenn man die Tatsache mit berücksichtigt, dass für den Puritaner Defoe im Sinne der Bergpredigt der bloße Gedanke an die Übertretung der Zehn Gebote bereits so schwer wiegt wie die Tat selbst.

Diese Ungewissheit über das Schicksal ihrer Tochter hat bei Roxana zur Folge, dass ihre Gedanken nun ständig um ihre Tochter kreisen, die sich für sie zu einer rächenden Furie entwickelt: *Meine Phantasie zeigte sie mir in hundert Gestalten und Situationen, ob ich schlief oder wachte.* (II, S. 797 f.) In dieser größten Hilflosigkeit und Bedrängnis beschließt man eine Ortsveränderung: Das Ehepaar reist nach Holland. Die Quäkerin wird mit der Hausverwaltung und der Versorgung der zweiten, äußerst liebenswerten Tochter betraut.

Nach einigen Jahren eines Lebens im Wohlstand brechen nicht näher bezeichnete Unglücksfälle über Roxana herein, und sie bekennt, ihr jetziges Elend habe sie endgültig zur Reue über ihr bisheriges Leben veranlasst. Dieser Schluss wirkt nun in der Tat etwas unvollständig und «aufgesetzt», da wir nichts über ihre nunmehrigen konkreten Lebensumstände erfahren.[164] Doch ist andererseits auch zu betonen, dass Defoe mit der Offenheit dieses Schlusses den Leser zu einem eigenen Urteil veranlassen will.[165]

Jedenfalls möchte man gerade diesen Roman nicht missen, weil man hinter der Icherzählerin Defoes Engagement für die Verbesserung der Situation der Frau spürt, obwohl sich nicht übersehen lässt, dass er in dieser Frage in eine für ihn charakteristische Widersprüchlichkeit gerät. Roxanas fortschrittliche Ideen werden nämlich durch ihre eigene Unmoral sozusagen wieder entkräftet. Erst spät erinnert sich Roxana an ihre fünf zurückgelassenen Kinder. Auch bedauert sie nicht ernsthaft, als Lustobjekt fungiert und mit der Schönheit ihres Körpers viel Geld verdient zu haben. Ihre Verbindung mit dem Prinzen bot ihr schließlich auch die Grundlage für ihren sozialen Aufstieg. Die «Prinzipien», von denen oft die Rede ist, werden aufgegeben, wenn ein handfester materieller Gewinn herausschaut. Ist nicht die häufige Beteuerung ihrer Reue etwas unehrlich und damit unglaubwürdig, wenn sie zugleich stolz ist auf ihren

Reichtum, den sie gerade durch ihr unmoralisches Leben ange-
häuft hat und von dem sie sich keinesfalls zu trennen gewillt
ist? In Wirklichkeit stoßen der neue Wert des ökonomischen
Erfolges, der bei Roxana seine Krönung im Erwerb des Geldadels
erfährt, und ihre gelegentlichen Bekenntnisse zur christlich-
bürgerlichen Moral nicht nur hart aufeinander, sondern
die progressive Ideologie gewinnt wie schon im *Robinson Crusoe*
die Oberhand. Dennoch ist *Roxana* ein faszinierender Roman
mit einem ausgesprochen innovativen Potenzial. Wie nie zuvor wagt sich Defoe an die Analyse komplexer psychischer
Zustände und versucht mit Erfolg und packender Eindringlich-
keit die Beschreibung menschlicher Widersprüche und Abgründe, die geradezu als *ein geheimes Höllenfeuer* (II, S. 741)
gefühlt werden. Die allmähliche Zerstörung von Roxanas Identität lässt uns denn auch die «Zwiespältigkeit menschlicher
Existenz»[166] bewusst werden und provoziert nicht nur unsere
Kritik, sondern erweckt auch großes menschliches Interesse
und wenigstens eine gewisse Sympathie[167]; denn schließlich
ist sie durchaus auch das Opfer einer Gesellschaft, die sich bereits von ihren ethischen Werten zu verabschieden beginnt.[168]

Weitere Unmoral – und kein Ende

Ist in Defoes Romanen das Thema Sexualität ein Teil der Sozi-
alkritik, so hat er sich dafür auch außerhalb dieser Romane in
diversen Pamphleten engagiert. In einem dieser Texte nimmt
Defoe Anstoß an den nächtlichen Straßendirnen, denn sie bedeuten, so warnt er, eine Falle für junge Männer; in Paris gibt es
dies nicht. Dort weiß man, wohin man zu gehen hat, wenn
einen die Schwachheit übermannt. Um den Missstand wilder
Prostitution zu beseitigen, müsse man eben einen gesetzlichen
Anreiz für Eheschließungen schaffen. Doch bereitet ihm auch
folgendes Skandalverhalten Sorge: Nicht wenige Männer ver-
fallen auf die verwegene Idee, ihre rebellischen Frauen in private Irrenhäuser abzuschieben, um sich problemlos eine Geliebte halten zu können.[169] Nun greift Defoe zur Feder, um
einen anderen Missstand anzuprangern. Die weiblichen Be-
diensteten eines herrschaftlichen Hauses entwickeln oft ei-

nen so großen sozialen Ehrgeiz – wie bei Moll Flanders –, dass man eine Dienerin nicht mehr von der Herrin unterscheiden kann. Unter dem Dienstpersonal gibt es nicht wenige Mädchen, die lieber auf der Straße sich als Dirnen einen vergnüglichen Lebensunterhalt suchen wollen. *Es finden sich genug alte Lüstlinge, die sich von ihren Familien wegschleichen, um diesen Huren in ihre Löcher zu folgen.* Dort nehmen die S/M-Anhänger, würde man heute sagen, ihre Domina-Dienste in Anspruch. *Einige unter diesen Männern nämlich wollen sich fast aufhängen, wieder andere lassen sich peitschen, oder liegen unterm Tisch und nagen an ihnen zugeworfenen Knochen […].*[170]

Diese Missstände sind als Teil eines sozialen Problems zu verstehen, das durch eine gewaltige Landflucht entstand; viele zog es nach London im Glauben, durch die rasch fortschreitende Industrialisierung leicht Arbeit zu finden und am wirtschaftlichen Aufschwung der Metropole teilhaben zu können. Doch oftmals erfüllte sich diese Hoffnung nicht. Die Folge war der Absturz ins soziale Elend. Das neue Proletariat bedeutete aber eine große Gefährdung der Gesellschaft, entstanden doch die verschiedensten Formen der Kriminalität, einschließlich der Erpressung durch Drohung mit Brandstiftung. Defoe sieht sich veranlasst, dagegen Stellung zu nehmen. Besonders häufig war aber begreiflicherweise das Diebsunwesen, das auch die Todesstrafe nicht einzudämmen vermochte. In mehreren Werken befasst sich Defoe mit diesem sozialen Problem. Defoe ist grundsätzlich bereit, die Diebskriminalität differenziert zu betrachten; er weiß, diese Menschen sind nicht von Natur aus kriminell, sie werden nur durch die Umstände zu ihren Taten gezwungen. Es komme daher sehr darauf an, ihnen Arbeit zu geben. Und Arbeit gibt es

Bevölkerungsdichte
Im Lauf des 18. Jahrhunderts stieg die Bevölkerung Großbritanniens von fünf auf neun Millionen. Allein in London lebte schon zu Beginn des 18. Jahrhunderts mehr als ein Zehntel. Zu Defoes Zeit erhöhte zwar der exzessive Gin-Konsum die an sich schon hohe Sterblichkeitsrate, der medizinische Fortschritt jedoch hatte eine wesentliche Verringerung der Kindersterblichkeit und gleichzeitig eine Lebensverlängerung zur Folge. Damit begann sich die moderne Zeit von der Vergangenheit zu unterscheiden.

nach seiner Ansicht genug, doch da der Arbeitsmarkt sich wandle, müsse man von den Arbeitslosen Flexibilität bei der Jobsuche fordern.[171] Das Elend der Armen verstärkte sich noch dadurch, dass infolge einer enormen Überproduktion von Getreide Gin sehr billig zu haben war. Daraus entstand ein Massenalkoholismus, den Hogarth in seinem bekannten Kupferstich «Gin Lane» satirisch kommentiert. Defoe allerdings verteidigt die Gin-Produktion mit dem für ihn bezeichnenden Argument, dass sie nationalökonomisch wichtig sei.[172] Er selbst hat ja auch mit Weinen und Spirituosen gehandelt. Man sieht, allzu tief dringt Defoes satirische Analyse der konkreten Zeitumstände nicht. Er ist eben doch bei aller Kritik an den Zuständen der Gesellschaft ergriffen von der fortschrittlichen Aufbruchsstimmung seiner Zeit. Kaum ein anderer Text belegt dies so sehr wie sein großes Werk *Eine Reise durch die ganze Insel Großbritanniens (A Tour thro' the Whole Island of Great Britain)*.

«Gin Lane» (Schnapsgasse). Kupferstich und Radierung von William Hogarth, 1751

Als kritisch-aufgeschlossener Reisender durch Großbritannien

Des Lebens unendliche Vielfalt

In diesem neuen, zwischen 1724 und 1726 erschienenen Buch lässt Defoe nicht eine fiktive Person von erfundenen Reisen und Abenteuern erzählen, sondern er tritt hier selbst als Autor in Erscheinung. Er berichtet vielfach eigene Eindrücke von und Erkenntnisse über Großbritannien, die jedoch bereits geraume Zeit zurückliegen. Feldstudien zur Erforschung der aktuellen Physiognomie Großbritanniens hat er für diesen Zweck sicher nicht unternommen. Doch erinnert er sich an die Reiseberichte eines John Macky[173], und darüber hinaus verweist er teilweise auf Geschichtswerke und Reiseführer, deren Informationen er nicht wiederholen will; er hat anderswo auch mal ohne Quellenangabe abgeschrieben, und manches Detailwissen hat er nur aus zweiter Hand. Aber ohne Zweifel ist ihm ein großer Text bester Reiseliteratur gelungen.

Daher folgen wir ihm gerne als «Reiseführer». Was ihn speziell interessiert, ist die dynamische industrielle Energie, die auf der Insel vielerorts Neues entstehen lässt und die vor allem die Wirtschaftstätigkeit durch intelligente Erfindungen und effizientere Produktionsverfahren steigert. So erscheint ihm, der schon manche Länder gesehen hat, das Inselkönigreich als *das blühendste und reichste Land der Welt*[174]. Der reisende Defoe fühlt sich in einer *luxuriösen Zeit* (*Tour*, I, S. 168), mit den Kennzeichen Wandel und Aufbruch, in der Menschen nach kapitalistischen Mechanismen sehr reich werden, in der sie aber auch durch Spekulation und Misswirtschaft in plötzliche Armut abstürzen können. Besonders interessieren ihn die unterschiedlichen Produktionsweisen der einzelnen Industriezweige, wie die Textilindustrie und Wollverarbeitung, die Lebensmittelerzeugung, Fischerei sowie die Landwirt-

Käseproduktion im 18. Jahrhundert.
Anonymer Kupferstich aus Denis Diderots «Encyclopédie»,
Bd. 6: «Addition à l'Économie Rustique», um 1760

schaft. Seine Neugier richtet sich darauf, wie die Dinge gemacht werden. Vor allem aber fasziniert ihn, den Londoner, wie die Metropole vom ganzen Land mit Lebensmitteln, Waren und Gütern der verschiedensten Art versorgt wird und wie die Stadt London ihrerseits das Land mit ihrem Reichtum befruchtet, indem sie den Menschen Arbeit gibt (I, S. 59). Im Grunde ist dieses industrialisierte England, das die eigentliche industrielle Revolution ja noch vor sich hat, gut, geradezu wunderbar. Die Satire tritt hier merklich zurück. Regelrecht ins Schwärmen kommt Defoe, wenn er das Panorama Londons und seiner näheren Umgebung vom anderen Themseufer aus betrachtet: Wie viele Prachtbauten reicher Bürger im neopalladianischen Stil! Wie gut verbinden sie sich mit der natürlichen Umgebung *zum glorreichsten, unvergleichlichen Anblick!* (I, S. 168) Die Umgebung Londons – was ist sie anderes *als reine Natur, die den Eindruck von Kunst erweckt? (Tour,* II, S. 9) Vor lauter Begeisterung lässt Defoe hier die Tatsache außer Acht, dass, was er als *reine Natur* in Londons Umgebung zu genießen meint, bereits die gestaltende Hand des Menschen erfahren hat.

Nach dem großen Brand von London hatte, wir haben dies bereits gesehen, eine gewaltige Bautätigkeit eingesetzt. Die Straßen wurden nun, schon aus Feuerschutzgründen, wesentlich großzügiger angelegt. Als Defoe seine Großbritannien-Reise schreibt, steht für ihn fest: *Keine Stadt der Welt kommt [London] gleich.* (I, S. 335) Mit dem Neubau der St Paul's-Kathedrale durch den ihm persönlich bekannten Sir Christopher Wren hat man auch dem Petersdom in Rom als dem Zentrum des Katholizismus Paroli geboten. Zwar ist, so bemerkt er, durch das protestantische Einfachheitsgebot eine mit dem Petersdom vergleichbare Prachtentfaltung im Innern der Kathedrale unmöglich gewesen, aber die Kuppel von St Paul's ist die richtige Antwort auf den Petersdom.

Beim Besuch des Schlosses Hampton Court erwähnt Defoe, dass es der von ihm zeitlebens verehrte und kunstliebende

Ansicht der Stadt London von der Terrasse des Somerset House aus. Gemälde von Antonio Canal, gen. Canaletto, um 1745/50. England, Privatsammlung

König Wilhelm III. umbauen ließ, und eine seiner Umbaumaßnahmen diente speziell auch einer würdigen Aufstellung der großen Kartons Raffaels, die biblische Szenen aus den Evangelien und der Apostelgeschichte darstellen. Wie ein Tourist steht Defoe gerührt vor diesen Kartons (die sich heute im Londoner Victoria and Albert Museum befinden und die einen großen Einfluss auf die Kunstgeschichte Englands ausgeübt haben). Seine sparsame Kommentierung dieser Kunstwerke enthält einen indirekten, aber interessanten Hinweis: Die Darstellung des Themas, nämlich Szenen um Petrus und Paulus, sei so natürlich, die Leidenschaften seien so «nach dem Leben gezeichnet», dass der Betrachter sie selbst nacherlebe (I, S. 177). Indem er Raffaels Malstil charakterisiert, definiert er indirekt auch das Prinzip seines eigenen Stils, zu dem eine realistische Erzählweise wesentlich gehört.[175]

Als architektonischer Connaisseur beschreibt er auch einige über das Land verstreute Schlösser und Herrenhäuser. Einen Höhepunkt bildet etwa sein Kommentar zu Blenheim House (Blenheim Palace), das für John Churchill, den berühmten Herzog von Marlborough, als Monument nationaler Dankbarkeit für seinen Sieg im Spanischen Erbfolgekrieg erbaut wurde. Es wird, so bemerkt Defoe, in die Geschichte eingehen als Symbol *für die großzügige Haltung,* oder wie es sonst die Nachwelt zu nennen beliebt, *der englischen Nation* gegenüber dem Mann, *den zu ehren ihnen eine Freude war* (II, S. 28). Doch allzu weit her ist es mit der Dankbarkeit nicht, denn die Tories entließen den siegreichen Herzog aus der Regierung, und prompt wurden die Arbeiten an Blenheim House gestoppt. Drei Jahre später ging der Bau weiter – doch auf des Herzogs eigene Kosten! Einen vergleichbaren Wandel der öffentlichen Gunst erlebte viel später sein ebenfalls siegreicher Nachfahre Sir Winston Churchill, der nach dem Zweiten Weltkrieg als Premier abgewählt wurde.

Auch Reminiszenzen an Englands Geschichte gehen Defoe auf seinen Reisen durch den Kopf. Schließlich hatte er selbst ja ein sehr wichtiges Werk, die *Memoiren eines königstreuen Offiziers (Memoirs of a Cavalier),* verfasst, in dem er einen fiktiven Offi-

Gustav II. Adolf von
Schweden (1594–1632)
Der schwedische König griff
1630 in den Dreißigjährigen
Krieg auf protestantischer
Seite ein, weil er die Ausdehnung kaiserlicher Macht bis
zur Ostsee befürchtete. Die
Protestanten begrüßten ihn
als ihren Retter in der Not.
Gustav Adolf besiegte die
kaiserlichen Truppen in allen
Schlachten, bis er bei Lützen
in einer Schlacht gegen Wallenstein fiel. Defoe schreibt
über ihn in seinem höchst
lebendigen Werk «Memoiren
eines königstreuen Offiziers».

Gustav II. Adolf. Gemälde,
Heinrich Bollandt zugeschrieben,
1631. Berlin, Stiftung Preußische
Schlösser und Gärten Berlin-
Brandenburg, Jagdschloß
Grunewald

zier mit beträchtlicher Tatsachenkenntnis vom Dreißigjährigen Krieg erzählen lässt. Zu den Bewunderern dieses Buches gehörte kein Geringerer als Winston Churchill.[176] In diesen *Memoiren* werden die Taten des von Defoe bewunderten schwedischen Königs Gustav Adolf gleichsam dem englischen Bürgerkrieg, der in der Enthauptung König Karls I. gipfelte, kontrastierend gegenübergestellt. Aber in der Reisebeschreibung seiner *Tour* verweilt Defoe nie lange bei historischen Details, denn es drängt ihn immer weiter.

Überhaupt bleibt in dieser unternehmerischen Zeit, die der unsrigen schon in vielem ähnelt, nicht viel für Erinnerung, für Gedanken an Vergänglichkeit und Tod übrig. Wenn Defoe bei einem Bauwerk den einsetzenden Verfall bemerkt, wendet er dies interessanterweise mit dem Trick eines Paradoxons ins Positive: Es zeigt für ihn die *schöne Vollkommenheit des Verfalls*, wobei er sich eines Zitats des von ihm so geschätzten Grafen Rochester bedient. (II, S. 48)

Weitgehend ausgeklammert wird von Defoe trotz seines sonstigen Interesses an den niederen Schichten auch die Tatsache, dass in dieser Zeit des wirtschaftlichen Fortschritts zugleich ein Proletariat entstanden ist. Eine Ausnahme ist allerdings etwa die Schilderung der kümmerlichen Existenz eines schottischen Bergknappen, der mit seiner Familie in einer Höhle haust, wie er überhaupt gerade in Schottland den Armen einige Aufmerksamkeit zuwendet.

Genüsslich schildert er andererseits etwa den berühmten Badekurort Tunbridge Wells, ist er doch ein beliebter Treffpunkt der High Society. Lebhaft skizziert Defoe das gesellschaftliche Treiben, die Lust der Menschen, zu sehen und gesehen zu werden. Die einzige Beschäftigung der Leute, die man dort findet, ist *Geselligkeit und gute Unterhaltung* (I, S. 126), und Defoe fährt fort mit einem Bonmot fast von der Art eines Oscar Wilde, der diesen Ort ebenfalls schätzte: *[...] die Leute, die nirgends sonst etwas zu tun haben, scheinen die einzigen zu sein, die etwas in Tunbridge zu tun haben.* (I, S. 126)

Seine Reise führt ihn auch über Stratford-upon-Avon, das jedoch noch nicht zu einem englischen «Nationalheiligtum» avanciert ist. Auf dem Programm steht für ihn lediglich der Besuch der Pfarrkirche, um *das Denkmal des alten Shakespeare* zu betrachten, das wurde *dem berühmten Dichter [...] dessen dramatische Werke ihm unter den englischen Dichtern eine besondere Stellung garantieren [...] vielleicht bis ans Ende der Zeiten* (II, S. 42) gesetzt. Das Einzige, was er bezeichnenderweise über den Ort Stratford selbst berichtet, ist die Tatsache, dass der Fluss Avon bis Stratford schiffbar ist.

Ist der Fluss Avon nur ein kleiner Schiffsweg, so widmet Defoe überhaupt einen beträchtlichen Teil seines Reiseberichts den Wasserstraßen der Insel und ihrer Bedeutung, die sie durch ihre Verbindung mit dem Meer für den Handel besaßen. Entsprechend erfährt man auch viel über die Beschaffenheit von Landstraßen und Wegen. Defoe hatte immer ein besonderes Interesse an den Verkehrswegen, denn sie sind die Venen und

Arterien eines Landes, ohne die die Handelsaktivitäten überhaupt nicht möglich wären. Defoe plädiert nun entschieden dafür, die Hauptstraßen mit ihren zahlreichen Löchern und Wasserpfützen zu verbessern und mindestens auf ein technisches Niveau zu bringen, über das bereits die alten Römer verfügten (II, S. 119). Als Fortschritt wird ausdrücklich begrüßt, dass mancherorts zur Finanzierung der Verbesserung von Verkehrswegen eine Straßenbenutzungsgebühr erhoben wurde.

Wie wir gesehen haben, liegt Defoe besonders die detaillierte Beobachtung. Mit großer Ausführlichkeit widmet er sich etwa der Nahrungssuche und den Wanderflügen der Schwalben, wobei seine Detailkenntnisse erstaunlich sind. Und mit der Beschreibung ihres Flugverhaltens setzt er sich ab von den zum Teil abstrusen Vorstellungen der «Experten».[177] Ferner gibt er in seiner *Reise durch die ganze Insel Großbritanniens* eine schöne Schilderung der Kunst des Wildentenfangs. Wir erfahren, wie man Enten als Lockvögel züchtete, die, wie man an-

Die Lockente. Gemälde von Francis Barlow, um 1680.
Surrey, Clandon Park

nahm, bis Holland oder Deutschland flogen. Dort berichten sie, so schreibt Defoe, in ihrer eigenen *Sprache* den fremden Wildenten von ihren guten Futterplätzen, um sie zu überreden, ihnen nach England zu folgen. Auf diese Weise hierher gelockt, werden sie dann nach kurzer Eingewöhnungszeit von einem Hund aus dem Riedgras am Rande eines Teiches in dessen Mitte getrieben. Daraufhin wird ein über den Teich zwischen Bäumen gespanntes großes Netz zum Fang der Wildenten schnell heruntergelassen, während die dressierten Lockenten, die *Verräter*, noch die Gelegenheit haben, rasch aus der Falle zu entkommen. (II, S. 98 ff.)

Da Defoe auch bei der Landschaft die Möglichkeit ihrer Nutzung für wirtschaftliche Produktion interessiert, kommt ihre Schönheit nur ganz selten in seinen Blick (I, S. 221). Er ist besonders durch die hohe, massive Bergwelt von Wales völlig irritiert, und er vergleicht sie mit den Alpen. Ihr Anblick ist jedoch *schrecklich* (II, S. 52, S. 67) und zum Fürchten; durchaus begreiflich, denn bis der Mensch die Schönheit der alpinen Bergwelt entdeckte und sie zu schätzen verstand, sollten noch ein paar Jahrzehnte vergehen.

Defoes Großbritannien-Reise, die den Anspruch erhebt, nur Neues zu berichten, ist nicht so originell, wie er behauptet. Dennoch ist sie ein hochrangiges und bahnbrechendes Werk, eine Fundgrube für die Lebenswirklichkeit im frühen 18. Jahrhundert, geschrieben von einem journalistisch höchst begabten, genau beobachtenden und sein Metier bestens beherrschenden Schriftsteller.

Defoes Vorsorge gegen eine Wiederkehr der Pest

«Ich bin doch nicht tot – oder?»

Defoes eigenes Leben schärfte sein Bewusstsein für die Bedrohung der menschlichen Existenz durch mannigfache gefahrvolle Ereignisse. So sieht er in den ersten Jahrzehnten des neuen Jahrhunderts sein blühendes Land durch eine besondere Gefahr bedroht: die Volksseuche der Pest, den Schwarzen Tod. Seit 1345 waren in Europa über 50 Millionen Menschen Pestepidemien zum Opfer gefallen. Der Schwarze Tod war ein äußerst sensibles Thema, konnte sich doch die ältere Generation, zu der Defoe sich nun selbst zählte, noch lebhaft an die verheerende letzte große Pestwelle des Jahres 1665 erinnern, obwohl seine Familie damals aufs Land geflohen war. Nun hört man von neuen Ausbrüchen der Pest in Wien und besonders in Marseille, einer Stadt, in der sich ungehemmte Vitalität und Lebenslust austobten. Die Besatzung eines syrischen Handelsschiffes hatte den Erreger eingeschleppt. Recht häufig berichteten bereits die Londoner Zeitungen von der Rückkehr der Pest auf den europäischen

«Vorstellung des Doct. Chicogneau Cantzlers der Universitaet zu Montpellier, welcher Ao. 1720 vom Könige in Frankreich nach Marseille geschickt worden, um denen mit der Pest behafteten Leuten beyzustehen». Kolorierter Kupferstich, um 1725

Kontinent. Da gerade für England durch seinen intensiven Handel die Wahrscheinlichkeit einer raschen Infizierung bestand, machte Defoe in seiner *Review* die Pestgefahr immer öfter zum Thema. Daher warfen ihm seine Zeitgenossen übertrieben nervöses Getue vor. Defoe ging es aber darum, dass rechtzeitig Vorsorgemaßnahmen getroffen wurden. In dieser Absicht verfasste er 1722, in seinem «annus mirabilis», dem Jahr seiner höchsten Produktivität, neben *Moll Flanders* und *Colonel Jacque* auch den *Bericht vom Pest-Jahr* (*A Journal of the Plague Year*), einen Text, in dem, wie man zu Recht gesagt hat, der ganze Defoe im Kleinen enthalten ist. Er soll daher als letztes seiner Werke ausführlicher vorgestellt werden, obwohl noch weitere bedeutende Schriften folgten.

Einer Vorbeugung gegen diese Seuche kam eine umso größere Bedeutung zu, als man über kein wirksames Mittel gegen die Pest verfügte. Das Pestbakterium wurde erst 1894 entdeckt; es verbreitet sich durch den Rattenfloh. Über die Ursachen der Pest grassierten zu Defoes Zeit die abstrusesten Vorstellungen. Manche schrieben sie einem schlechten Einfluss der Gestirne oder krank machenden Ausdünstungen der Erde zu, wieder andere hielten sich an die Theorie des Hippokrates, wonach so genannte Miasmen die Luft «verpesten», weshalb man sich vor schlechter Luft zu hüten suchte. Viele glaubten an die schützende Wirkung von Amuletten, und natürlich hatten die Quacksalber Hochkonjunktur. Der Krankheitsverlauf jedenfalls war erschreckend. Die ersten Anzeichen waren runde Flecken auf der Haut – die «Pestzeichen». Nach einer kurzen Inkubationszeit klagten die Erkrankten zunächst über unterschiedliche Symptome wie Kopfschmerzen, Fieber, Erbrechen, Herzjagen. Bald begannen die Lymphknoten zu schwellen, und am Hals und anderen Stellen des Körpers bildeten sich Geschwülste, die so genannten Bubonen. Wenn sie aufplatzten, galt dies als hoffnungsvolles Zeichen. Die Schwellungen verursachten solche Schmerzen, dass der Erzähler sie mit jenen einer ausgesuchten Folter vergleicht. Noch gellen die lauten Schreie der Gequälten dem Erzähler im Ohr. Es gab Kranke, die daher diesen Qualen durch einen Sprung aus dem Fenster oder

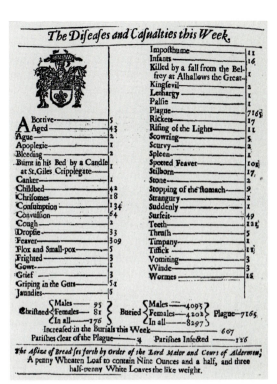

Todesfälle, Taufen und Begräbnisse in London innerhalb einer Woche während der Pestepidemie 1665; in der rechten Spalte sind 7165 Pesttote verzeichnet.

andere Selbsttötungsversuche zu entkommen suchten. Nach wenigen Tagen führte die Seuche zu einem Kreislaufkollaps und zum Tod. Bei manchen Patienten allerdings blieben die äußerlichen Symptome aus, die Vergiftung beschränkte sich auf das Körperinnere. Diese Menschen fielen plötzlich tot um, was bei den Überlebenden einen noch größeren Schock auslöste. Besonders zu bedauern waren schwangere Frauen. Es kam vor, dass an der Brust einer gerade verstorbenen jungen Mutter noch ein lebender Säugling lag. (I, S. 826)

So ist begreiflich, dass für Defoe die Frage, wie man sich vor der Pest schützen oder wie man sie überstehen könne, eine Herausforderung bedeutete. In seinem Bericht über die Pestepidemie des Jahres 1665 schildert er mit großer erzählerischer Kompetenz eindrucksvoll und bewegend die dräuende Gefahr und appelliert auf diese Weise an den Leser, eine selbst verantwortete Vorbeugung zu betreiben. Der Icherzähler dieses Textes behauptet, als Londoner Bürger die Pest aus eigener Erfahrung zu schildern. Mit den Initialen H. F. suggeriert Defoe in der für ihn typischen Art, es handle sich bei diesem Erzähler um eine reale Figur. Mit größter Wahrscheinlichkeit verbirgt sich dahinter auch sein Onkel Henry Foe, den er hier zum Autor des ganzen Pest-Buches macht.[178] (Defoe selbst trat erstmals als Autor mit den Initialen D. F. hervor.) Dieser Onkel war wegen seiner Sattlerei in London geblieben und hatte im Haus von Daniels Familie, die in diesem Text mit dichterischer Freiheit behandelt wird, nach dem Rechten gesehen. Dennoch ist dieser Erzähler eine fiktive Figur, und das ganze Werk ist ebenfalls kein Tatsachenbericht, sondern eine Art Tatsachenroman (Fabian), ein kunstvoll geordneter, sich auf einzelne Figuren und dramatische Höhepunkte beschränkender Text, gekleidet in die Form persönlicher Memoiren.[179] Geschickt versteht es H. F. als Augenzeuge, Glaubwürdigkeit und Authentizität zu beanspruchen. Nicht nur bleibt er während der ganzen Pestzeit in seiner Sattlerei, sondern er übernimmt sogar für drei Wochen die behördliche Funktion eines Kontrolleurs, der die Aufgabe hat festzustellen, in welchen Häusern sich wie viele Infizierte befinden. Danach gibt er diese Aufgabe wieder ab, weil sie ihm zu gefährlich wird. In der Realität hat es ein solches Amt jedoch nicht gegeben.[180] Bevor H. F. mit seinem Bericht beginnt, hat er sich von einem ihm bekannten Arzt informieren lassen; er zog entsprechende medizinische Schriften wie die «Loimologia» des Pestarztes Nathaniel Hodges zurate und nahm auch Berichte von anderen Augenzeugen auf. Er hat ferner auch, wie wir heute sagen würden, ausgedehnte journalistische Recherchen angestellt, indem er etwa die amtlich veröffentlichten Dokumente prüfte. So zitiert er sogar den behördlichen Erlass des Stadtoberhauptes und der Ratsherren der City zur Eindämmung der Seuche und lobt die Stadtverwaltung für ihr kluges, umsichtiges Verhalten (z. B. I, S. 834 f.). Doch gerade hieran zeigt sich aber auch, dass Defoe keinen authentischen Realismus beabsichtigt; denn diese Erlasse (die aus einer früheren Pestzeit stammen), wurden keineswegs befolgt, da der pure Selbsterhaltungstrieb der Menschen sie an sinnvollen Bekämpfungsmaßnahmen hinderte.[181]

Ganz unvermittelt werden wir von H. F. in das von der Pest befallene London versetzt; rasch entsteht durch die direkte Wiedergabe immer neuer, ständig wachsender Sterbelisten die Atmosphäre unausweichlicher Bedrohung. Außer Kontrolle geraten zunächst Stadtverwaltung, Handel und Verkehr. Die schnell zunehmende, mit statistischer Faktentreue aufgelistete Zahl der Pestopfer führt zu einer starken Dezimierung der Bevölkerung in den befallenen Stadtvierteln und löst eine steigende Beklemmung aus. Eine Massenflucht setzt ein, denn wer die Möglichkeit hat, flieht aufs Land. Den Armen jedoch, die den Großteil der Bevölkerung ausmachen, ist dieser Ausweg verwehrt. Da die geflüchteten Familien ihre Dienerschaft meist zurückließen und diese somit herrenlos war, verstärkte sich noch das große Problem des Proletariats. Kein Wunder, dass die Pest gerade unter den Armen die meisten Opfer forderte.

Als fiktiver Erzähler zeigt sich nun H. F. gerade vom Leiden der Armen und Hilflosen, von ihren Schreien, ihrer Angst und Hysterie sehr bewegt. Er ist erschüttert darüber, dass sich Eltern in purer Existenzangst gegen ihre eigenen Kinder richten, und mit eigenen Augen sieht er, wie der Tod die sozialen Unterschiede einebnet, wie Arm und Reich gleichermaßen mit ihm konfrontiert sind. Allerdings wahrt er die Distanz des Beobachters.

Die eigentliche Praxis der Pestbekämpfung bestand nun darin, ein befallenes Haus von Amts wegen zu verriegeln und mit einem großen roten Kreuz zu kennzeichnen. Vor dieser Eventualität hatten die Menschen große Angst; mit Recht, denn zwar wurden die Kranken von außen mit dem Notwendigsten versorgt, aber noch gesunde Hausbewohner konnten sich nicht mehr nach draußen retten und waren daher dazu verurteilt, sich ebenfalls anzustecken und hilflos zugrunde zu gehen. Es ist daher nicht verwunderlich, dass die Inhaftierten aus diesen Quarantäne-Gefängnissen auszubrechen versuchten. So wurden etwa die Wärter, die diese Häuser Tag und Nacht im

Schichtdienst zu bewachen hatten, nicht selten bestochen, attackiert oder gar unschädlich gemacht; Sprünge aus dem Fenster wurden gewagt oder verborgene Hintertüren zur Flucht genutzt (I, S. 775).

Trotz dieser Vorkehrungen nahmen die Todesfälle derart überhand, dass die Lebenden mit der Beseitigung der Leichen völlig überfordert waren. Man muss sich die Zahl von 1000 Toten in vierzehn Tagen vorstellen, um sich klar zu machen, dass sie nur noch in Massengräber geworfen werden konnten, die oft genug nur notdürftig mit Erde bedeckt wurden. Die Folge davon war, dass sich überall Verwesungsgeruch verbreitete. Dazu erzählt H. F. das ergreifende Schicksal eines Mannes, der auf einen Schlag seine ganze Familie verliert. Er möchte wenigstens bei ihrer Beisetzung zugegen sein; doch der Anblick der geliebten toten Angehörigen raubt ihm die Besinnung. H. F. gibt diesmal seine distanzierte Haltung auf, kümmert sich um den Mann und bringt ihn zur Stärkung in ein Wirtshaus. Dort jedoch haben die Stammtischbrüder nur Spott und Hohn für den Leidtragenden übrig. Daher muss der Erzähler seine ganze Kraft aufbringen, um nicht die Beherrschung zu verlieren. Inzwischen war es in London bereits zur Routine geworden, dass täglich ein Leichenkarren, von einer Glockenschelle angekündigt, durch die

Leichenbestattung während einer Pestepidemie. Aus einer Ausgabe von Defoes «Bericht vom Pest-Jahr», erschienen in London 1819

Straßen zog, um die einzelnen Häuser zur Herausgabe ihrer Toten für den Abtransport aufzufordern. Ein anderes Beispiel ist berühmt geworden: Ein Pfeifer, so erzählt H. F., hatte sich die Empfehlung zu Eigen gemacht, dass ein hoher Alkoholkonsum vor der Pest schütze, und war betrunken auf der Straße eingeschlafen. Daher wurde er für tot gehalten und in den Leichenkarren geworfen. Gerade noch rechtzeitig konnte sich der Scheintote unter den vielen Leichen aufrichten und zutiefst erschrocken fragen: *Aber ich bin doch nicht tot – oder?* (I, S. 804, m. Ü.) Eine anrührende Geschichte, gewiss, doch in dieser Form eine erzählerische Erfindung, denn das Erwachen eines Scheintoten ist eine Wandererzählung, die im Motiv des Wiener «Lieben Augustin» wiederkehrt, für den alles hin ist; er ist noch heute ein Symbol für den echten Wiener, der nicht untergeht. Die Verbindung des Scheintod-Motivs mit jenem der Trunkenheit aus Angst vor der Pest ist jedoch eine künstlerische Eigenleistung Defoes.[182] Überhaupt zeigt sich an diesen Beispielen, dass die Wirkung des *Berichts vom Pest-Jahr* sich vor allem auf Defoes detailgenaues Erzählen und seine Konzentration auf interessante Einzelschicksale gründet.

Inzwischen hat der Leser durch H. F.s Augenzeugenbericht den Eindruck gewonnen, als ob ganz London vor dem Zusammenbruch stehe und das Chaos auszubrechen drohe. Später freilich erfahren wir, dass die Pest jeweils nur in einzelnen Stadtteilen wütet, im Osten beginnt und dann wie eine dunkle Wolke weiterzieht. Daher herrscht in einigen Vierteln, besonders in der City, noch recht lange eine einigermaßen normale Atmosphäre, die Alltagsroutine wird aufrechterhalten, der Markt, die wichtigsten Geschäfte wie Bäckereien und Metzgereien sowie die Bank bleiben geöffnet. Man ist aber beim Einkauf darauf bedacht, den genauen Geldbetrag parat zu haben, um sich nicht durch Wechselgeld zu infizieren. Diese differenzierte Schilderung wird oft übersehen, Defoe kommt mit ihr aber der Realität nahe. Sie wird auch durch das sehr bekannt gewordene, unschätzbare zeitgenössische Tagebuch von Samuel Pepys bestätigt, der zunächst noch seinen Geschäften und Vergnügungen nachgeht und nur manchmal bekümmert und erschrocken über die unfassbare Epidemie ist. Während der Erzähler uns zunächst mit der Vehemenz des Grauens konfrontiert und den Eindruck vermittelt hatte, als lägen auf den Straßen immer neue Pestopfer herum, betont er aber auch anerkennend, dass die städtischen Behörden mit häufigen Kontrollgängen darauf achteten, den Eindruck der Normalität so weit wie möglich zu vermitteln und die Straßen sauber und frei von Leichen zu halten. Allerdings beschönigt er damit wieder, denn die historische Forschung hat, wie bereits angedeutet, nachgewiesen, dass die Stadtverwaltung großenteils geflohen war, ebenso wie viele Ärzte und Geistliche nicht mehr in London weilten.[183] Richtig ist freilich H. F.s Bemerkung, dass zur Vermeidung einer Massenhysterie die Bestattungen ausschließlich in der Dunkelheit durchgeführt wurden. Dies findet etwa in einem Wiener Pestbericht seine genaue Entsprechung. Es war seit dem Mittelalter üblich, Maßnahmen «zur Beruhigung der hektischen Situation»[184] zu treffen. Wieso aber, so wird man fragen, weiß der Augenzeuge H. F. von diesen nächtlichen Aktivitäten der Behörden? Er gesteht dem Leser des Öfteren, dass er sich vorgenommen hatte, aus Vorsicht zu Hause zu bleiben, dass ihn aber eine unwiderstehliche «Neugier» derart umtrieb, dass er sich auch in der Nacht auf die Straße begeben musste. Hinter der Maske des Erzählers entdecken wir hier wieder einen uns bekannten wichtigen Wesenszug von Defoe selbst.

Defoe wusste sich mit vielen darin einig, dass die Seuche auf natürliche Ursachen zurückzuführen ist und dass ihre Ausbreitung durch Infizierung erfolgt. Indem man um die Vernichtung von Ratten und Mäusen bemüht war, hatte man bereits unversehens den richtigen Weg zur Ausrottung der Seuche eingeschlagen. Die Flucht als generelle Reaktion konnte nicht infrage kommen, da sie zu einem Chaos auf dem Lande

Samuel Pepys (1633–1703)
Samuel Pepys hinterließ ein nicht zur Veröffentlichung bestimmtes, z.T. in individueller Geheimschrift verfasstes Tagebuch über die Jahre 1660 bis 1669. Es konnte erst 1825 entziffert werden und stellt mit seinen höchst interessanten Einblicken in Kultur, Politik, das höfische und private Leben ein autobiographisches Werk von hohem Rang und Wert dar.

geführt hätte. H. F. verdeutlicht dies recht anschaulich und den Tatsachen entsprechend mit einer langen Erzählung von drei fliehenden jungen Männern, denen sich später eine weitere Gruppe anschließt. Sie haben Schwierigkeiten, von der ländlichen Bevölkerung toleriert zu werden, und müssen ihr Exil in gehöriger Distanz zum Dorf in eigenen Zelten überstehen, bis sie im Winter endlich nach London zurückkehren können. So blieben also nur Quarantänemaßnahmen übrig. Da das Häuserverriegeln inhuman und sinnlos ist, plädiert H. F. dafür, dass die Einwohner der Stadt rechtzeitig aufgefordert werden, sich einen Lebensmittelvorrat für mehrere Wochen anzulegen und im sicheren Schutz des Hauses das Ende der Epidemie abzuwarten. So verfährt auch er selbst. Die Stadt müsse – dies die implizite Empfehlung – große Speicher anlegen, um den Armen, die sich eine Bevorratung nicht leisten könnten, zu helfen. Gerade dies sei aber bei der Pest von 1665 verabsäumt worden, sie habe London völlig unvorbereitet angetroffen, erlaubt sich H. F. warnend zu bemerken.

Wenn es um die Erklärung der Ursache für das Pestphänomen geht, argumentiert Defoe vernünftig und zukunftsorientiert; auf der anderen Seite aber sucht er diese Katastrophe auch mit seinem puritanischen Glauben zu begreifen und zu bewältigen. Aus dieser sozusagen traditionsorientierten Perspektive erscheint die Pest als ein naturbedingtes Übel, das Gott zwar nicht erzeugt, dessen er sich aber zur Strafe der Menschen bedient. Damit versucht auch dieser Text zwei im Grunde unvereinbare Sichtweisen in Einklang zu bringen. Die Frage wird lieber nicht gestellt, wo denn die Gerechtigkeit der göttlichen Vorsehung bleibt, wenn es im Wesentlichen die Armen trifft, die durch ihr darbendes Dasein ohnehin schon genug gestraft sind, während im geschützten Oxford und im tieferen Landesinneren der Hofstaat sich weiter an den Sinnenfreuden ergötzen und König Karl II. sich den notorischen Ausschweifungen mit seinen Geliebten, darunter der berühmten Schauspielerin Nell Gwynne, hingeben konnte. Doch der Ausbruch der Pest löste für jeden gläubigen Christen, zur Zeit Defoes wie schon im entfernten Mittelalter, die dringliche Fra-

Nell Gwynne im Alter von 22 Jahren mit ihrem Sohn, dem Herzog von St. Alban's, gemalt für Karl II. zu seiner persönlichen Ergötzung. Gemälde von Peter Lely. Kent, Chiddingstone Castle

ge aus: Ist es Gottes Wille, vor der Gefahr zu fliehen oder zu Hause zu bleiben? Denn wenn Gott strafen will, ist ja doch jeder Versuch zu entkommen vergeblich. Für Defoe im Besonderen musste sich dadurch die für seine Hauptwerke charakteristische Diskrepanz ergeben. Im Gegensatz zu seiner religiösen Schrift über *Die rechte Vorbereitung auf die Pest* lässt er im *Bericht vom Pest-Jahr* den Widerspruch der Haltungen sich voll entfalten, was den Kunstcharakter dieses Werkes zweifellos noch erhöht: Die mit dem Erzähler verwandte Familie flieht, der Onkel H. F. verbleibt in London. Gerät dieser anfangs in einen Gewissensnotstand, was ihn lähmt, eine Entscheidung zu treffen, so legt ihm sein Bruder dringend die Flucht als einzige Sicherheit nahe. Doch H. F. entschließt sich endlich, zu Hause zu bleiben, da ihm bezeichnenderweise als erstes der konkrete Gedanke an die Erhaltung seiner Sattlerei und die Sorge um seinen Besitz sowie um seine Aktien kommt. Sodann erkennt er an Zeichen und biblischen Aussagen Winke der Vorsehung. Sie geben ihm zu verstehen, es sei der göttliche Wille, der Gefahr zu trotzen. Natürlich kann sich H. F. auch leichter zum Bleiben entschließen, weil er keine Familie hat. Schließlich überlebt H. F. die Pest, er kann sich somit in seiner Entscheidung, daheim zu bleiben, bestätigt fühlen und ist obendrein in der Lage, seinen Augenzeugenbericht zu verfassen und seiner Generation eine Hilfe bei der Bekämpfung einer Geißel der Menschheit zu bieten. Dennoch macht er sich gegen Ende seines Berichts das Argument seines Bruders zu Eigen, die Flucht sei der einzig sichere Schutz, wohl wissend, dass sie keine Lösung für alle ist. Indem das Buch ebenso gut als Empfehlung, zu Hause seine Christenpflicht der Barmherzigkeit zu erfüllen, wie auch als Rat zur Flucht verstanden werden kann, geht das «Duell» der Gründe und Gegengründe unentschieden aus. Geschickt vermeidet es Defoe, seinem Text eine vordergründig didaktische Tendenz zu geben, und überlässt die Entscheidung ausschließlich dem Leser.

Diese unaufgelöste Widersprüchlichkeit könnte als Unaufrichtigkeit missdeutet werden, doch sie wird sozusagen wettgemacht durch das eindrucksvolle Verständnis, mit dem H. F. die Formen menschlicher Unzulänglichkeit beschreibt. Wenn er von der langsamen Rückkehr zur Normalität erzählt, wie nach der gebannten Gefahr die Geflohenen wiederkehren, unter ihnen auch Geistliche, Ärzte und Apotheker, die ihre Schutzbefohlenen in ihrer Not und Verzweiflung im Stich gelassen hatten, böte sich dem Erzähler reichlich Gelegenheit, mit der Feigheit und Niedertracht der Menschen ins Gericht zu gehen; doch in bewundernswerter Humanität verzichtet er darauf und hält nichts von Strafpredigten angesichts der riesigen Herausforderung, dem Tod selbst *auf seinem fahlen Roß* (I, S. 921) zu widerstehen. Auf einem Höhepunkt seines Berichts klagt der Erzähler zwar eindringlich darüber, dass die Menschen in ihrer Angst jedes Mitleid vergaßen und sich nur noch vom *Gedanken an die Selbsterhaltung* (I, S. 823) leiten ließen. Gegen Ende seines Berichts aber findet derselbe H. F. zu einer wesentlich differenzierteren Betrachtungsweise. Es habe, so sagt er jetzt, während dieser Zeit auch viele Beweise wahrer Nächstenliebe gegeben, und speziell die Aristokratie habe viel für die Armen gespendet. Dies freilich wird wiederum durch die historische Forschung nicht voll bestätigt. Dagegen hat H. F. eher Recht, wenn er feststellen muss, es habe bei zahlreichen Menschen nach der Pest nicht die geringste Dankbarkeit für ihre Rettung gegeben. Er dagegen zieht es vor, seine denkwürdige Erzählung mit einem Bild des aus der Asche auferstandenen Phoenix zu beenden:

Ein furchtbar Pestjahr hat's in London
Im Jahr fünfundsechzig gegeben;
Es raffte hunderttausend Seelen
Hinweg; ich aber blieb am Leben. (I, S. 931)

Mit H. F.s «Augenzeugenbericht» ist Defoe ein sehr bewegender, höchst origineller Text gelungen, der einen besonderen Höhepunkt in der Pest-Literatur darstellt. «Fact» und «fiction» werden hier auf eine faszinierende, gerade heute wieder sehr geschätzte Art gemischt. Auch wenn der Erzähler in diesem fiktiven Text natürlich nicht mit Defoe identisch ist, verfügt Defoes *Bericht vom Pest-Jahr* dennoch über einen «authentischen» Ton. Der Text gibt sich den Anschein unprätentiöser Einfachheit, es liegt ihm aber eine völlig unaufdringliche, mit Wiederholung und Variation kunstvoll spielende und auf die Höhepunkte packender Szenen zielende Struktur zugrunde. Daraus ergibt sich ein wirkungsvoller Rhythmus, der ein unvergessliches Leseerlebnis garantiert. Von der nachdrücklichen Wirkung dieses Textes zeugt übrigens die Tatsache, dass er auch Camus' Roman «Die Pest» beeinflusst hat. Dort finden wir ebenfalls einen Beobachter, der sich interessanterweise auch zum Bleiben entschließt, allerdings in der Absicht, als Humanist den Opfern in bewusster Solidarität zu helfen. Indes hat sich Defoes Absicht, zu einer Vorbeugung gegen die Pest beizutragen, nicht erfüllt – sie nahm ohnehin im 18. Jahrhundert auf eine nicht ganz geklärte Weise ab. Sein *Bericht vom Pest-Jahr* führt jedoch auch heutigen Lesern die existenzielle Bedrohung des Menschen durch Katastrophen mit massenvernichtender Wirkung auf höchst beklemmende Weise vor Augen.

Massengrab am Fuße der Engelsburg in Rom.
Miniatur aus «Les belles heures du Duc du Berry», illustriert
von den Brüdern von Limburg, 1405/08

Das Ende als Weg
aus neuer Bedrohung

Der letzte Abschnitt in Defoes Leben ist rasch erzählt. Durch die Einkünfte aus dem Verkauf vor allem seiner Romane war es ihm und seiner Familie gelungen, einige Jahre ein beschauliches, von Schulden und finanziellen Sorgen freies Leben in seinem Haus in Stoke Newington zu führen. Da er gern in seiner großen Bibliothek las, konnte er sich nicht nur in die bedeutenden Beschreibungen früherer Pest-Epidemien, wie etwa in Boccaccios «Decamerone», vertiefen, sondern nahm vor allem auch Notiz von der Literatur seiner eigenen Zeit. Zugleich erfreute er sich an seinem Garten.

Die meiste Zeit ist er freilich mit Schreiben beschäftigt, denn er hat noch Projekte der verschiedensten Art. Dieser erstaunlich anregende Autor fühlt sich nach wie vor berufen, sich als Mahner und Ratgeber Gehör zu verschaffen. In dem drei Jahre vor seinem Tod erschienenen Buch *London als Stadt der Städte (Augusta Triumphans)* tritt er nochmals mit Vorschlägen an die Öffentlichkeit, mit denen er dazu beitragen möchte, Londons Ansehen noch zu steigern. Dazu gehört für ihn die Gründung eines Findelheims nach Hamburger Muster, um die Tötung Neugeborener zu unterbinden, und ein solches wurde später auch eingerichtet. London solle, so schlägt er vor, außerdem ein Zentrum der Wissenschaft werden und selbstverständlich auch eine Universität erhalten. Er plädiert für die Gründung einer englischen Musikakademie, denn dies entspreche dem Niveau der eigenen nationalen Musik, die er in vorzüglicher Weise in dem großen Komponisten Henry Purcell repräsentiert sieht. Dass Defoe unmusikalisch gewesen sein soll, ist übrigens ein unbegründetes Vorurteil, hat er doch mindestens die Violine zu spielen gelernt. Und als Stilideal für seine Prosa nennt er mehrfach die Musik[185]; er hat dies auch in seinen Hauptwerken in überzeugender Weise verwirklicht.

Abgesehen von weiteren Büchern zum Handel – darunter auch ein *Atlas Maritimus* –, einer Schrift über das Ideal des Gentleman und außer einem bereits früher entstandenen Werk über das zu seiner Zeit nicht unwichtige Problem einer *Christliche[n] Gattenwahl (Religious Courtship)* verfasst er auch einen sehr interessanten Text mit dem eigentümlichen Titel *Unzucht in der Ehe (Conjugal Lewdness)*. Mit hoher sprachlicher Meisterschaft, mit seiner Begabung, dramatische Dialoge kolloquial exakt und wirklichkeitsnah zu schreiben, verbunden mit sehr genauer Charakterzeichnung, schildert er in diesem Buch recht bewegend etwa das Unglück von Ehen, die man als Hölle bezeichnen könnte. Wohl gab es auch einen konkreten biographischen Anlass für dieses Werk, die Ehe seines älteren Sohnes Benjamin. Dessen Frau hatte in neunzehn Ehejahren nicht weniger als siebzehn Kinder geboren, von denen nur drei die Kindheit überlebten.[186] Defoe entschloss sich zu diesem Werk offenbar auch deshalb, weil er in dieser Ehe die für ihn sehr wichtige Lebensregel des Maßhaltens verletzt sah. So wendet er sich direkt dem tabuisierten Thema ehelicher Sexualität zu und diskutiert sehr offen übliche wie pervertierte sexuelle Praktiken. Grundvoraussetzung für den ehelichen Verkehr ist natürlich die Liebe, denn in einer Ehe ohne Liebe wird lediglich die Prostitution legalisiert, und die Frau verfügt über keinerlei Freiheit, eine für seine Zeit erstaunliche Betrachtungsweise.

Zu Defoes Zeit gibt es allerdings bereits Ansätze für eine Verbesserung der materiellen Position der Frau. Es wurde immerhin nach Möglichkeiten gesucht, ihr nach der Verehelichung weiterhin die Verfügungsgewalt über ihren Besitz zu belassen. Dies sollte sich nun gerade für Defoes eigene Frau als großer Vorteil erweisen. Denn es wäre Defoe hochwillkommen gewesen, wenn er auf Marys Erbe von ihrem Bruder hätte zugreifen können. Doch der Schwager hatte stattliche Werte nicht der Defoe-Familie, sondern ausschließlich Defoes Frau als seiner Schwester vermacht und einen Verwalter bestimmt. Defoe ging also leer aus; doch wie sehr hätte er dieses Geld gebraucht. Denn in seiner letzten Lebensphase setzte sich erneut ein bekanntes Lebensmuster durch: Er hat offenbar nichts aus seinen früheren finanziellen Katastrophen gelernt und will sich, obschon ein alter Mann, ein zweites Mal in der Geschäftswelt als Kaufmann engagieren. Statt einen Lebensabend bei gutem Auskommen zu genießen, investiert er wieder in ein teures Projekt, da er nochmals eine Ziegelfabrik gründen will.[187] Erneut muss er Kredite aufnehmen, die er nicht zurückzahlen kann, und bekommt ein letztes Mal die Unehrlichkeit von Geschäftspartnern zu spüren.

Hinzu kamen gesundheitliche Probleme. Er litt unter Arthritis und Blasensteinen und erwog offenbar eine Operation, die unerträgliche Schmerzen für den Patienten bedeutet hätte, da sie ja noch ohne wesentliche Betäubung durchgeführt werden musste. Der Eingriff erfolgte, nachdem man den Patienten an Oberkörper und an den Handgelenken gefesselt und ihn so in eine entwürdigende und demütigende Lage gebracht hatte. Drei oder vier Helfer mussten dafür sorgen, dass er immer in der gleichen Lage blieb und seine Beine gespreizt hielt. Der Arzt führte einen langen Silberkatheder in die Penisöffnung ein, um Harnröhre und Blase zu lokalisieren. Dann schnitt er die Harnröhre auf, um mit Katheder und Zange den Stein zu entfernen.[188] Da es auch keine Desinfektionsmöglichkeit gab, war das Risiko, einer Infektion zu erliegen, äußerst hoch.

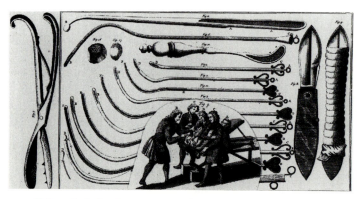

Zeitgenössische Operationsutensilien zur Blasensteinentfernung

Die letzten Lebensjahre waren zusätzlich belastet von Kummer und Sorgen. Sein Sohn Benjamin hatte inzwischen die Karriere eines Journalisten und Pamphletisten eingeschlagen. Unglücklicherweise wiederholte er Fehler seines Vaters und verhielt sich in seinen politischen Traktaten höchst unklug und somit gar nicht in Defoes Sinne. Er griff sogar die Regierung zum Schaden seines Vaters an und wurde zu einem Tag im Newgate-Gefängnis verurteilt, kam aber gegen Kaution wieder frei.[189] Was Defoe jedoch am meisten ärgerte, war die Prinzipienlosigkeit und Liebedienerei des Sohnes in seiner journalistischen Aktivität. In dieser Zeit wurde Defoes Tochter Sophia von Henry Baker, einem jungen Mann mit aussichtsreicher Zukunft, umworben. Die geplante Eheschließung betrachtete Defoe als Geschäft, weswegen er mit dem angehenden Schwiegersohn hart und kalt verhandelte. Dabei verletzte er nachhaltig Bakers wie Sophias Gefühle.[190] Ein Zug abweisender Härte gehört eben auch zum komplexen Charakterbild Defoes. Bei alledem war seine finanzielle Lage prekär geworden, da ihn eine unerbittliche Gläubigerin bedrängte. Diese war unter nicht geklärten Umständen in den Besitz von Schuldscheinen geraten, von denen Defoe behauptete, er habe sie schon vor Jahrzehnten beglichen.[191] Wegen seiner recht sorglosen Buchführung konnte er jedoch keine Belege für diese Behauptung vorbringen. So muss er sich gerade in seinem letzten Lebensjahr versteckt halten. Er bezog nacheinander Wohnungen in London und in einem Dorf in der Grafschaft Kent. Sein letzter erhaltener Brief, adressiert an den Schwiegersohn und geschrieben etwa zwei Meilen von Greenwich entfernt, drückt große Resignation, Lebensmüdigkeit und ein Wissen um den nahen Tod aus. Wie Defoe in dem Brief andeutet, ist er auch von seinem Sohn Daniel tief enttäuscht, denn er glaubt, er habe ihn zum Schaden der Familie und ohne Pietät ausgenützt in *unmenschlichen Handlungen [...], die mein Herz gebrochen haben. [...] Ich machte mich von ihm abhängig, ich vertraute ihm.*[192] Worum es sich bei diesen Klagen im Einzelnen handelt und inwiefern sie berechtigt sind, lässt sich freilich nicht mehr eindeutig ermitteln. Bis zuletzt hat sich Defoe jedenfalls seine

Würde und seine Vorstellung von eigener Größe bewahrt. Der befreiende Tod trat in der Wohnung, in der er sich versteckt hielt, am 24. April 1731 offenbar durch einen milden Schlaganfall ein, und zwar in Moorgate, ganz in der Nähe seines Geburtshauses. Man hat ihn auf dem großen Londoner Dissenter-Friedhof bestattet.

Defoes Persönlichkeit ist aus den erhaltenen Dokumenten schwer zu fassen. Auch in seinen Briefen bekommen wir nur einen kleinen Teil davon zu Gesicht. Was allerdings offen zutage liegt, ist eine eklatante Widersprüchlichkeit in seinem Wesen. Hat er in vielem, was er schrieb, sich bemüht, die Realität genau zu erfassen, so hat er sich in seinem eigenen Leben häufig in hoher Risikobereitschaft von irrealen Wunschvorstellungen leiten lassen und hat es oft genug nicht vermocht, seine Möglichkeiten richtig einzuschätzen. Die einander widerstrebenden Züge sind es aber auch, die Defoe zu einer so faszinierenden, weil außerordentlich lebendigen Persönlichkeit machen. Wie er sich mit einem nie erlahmenden Lebenswillen behauptet und die innere Gefährdung überwindet, so beschreibt er auch in seinen Romanen die aktive Selbstverwirklichung des Individuums trotz der erlebten inneren Abgründe.

Er stellt die puritanische, bürgerliche Moral sowie das patriarchalische Gesellschaftssystem zwar nicht infrage, doch bringt er auch Sympathie für Figuren auf, die sich dieser Enge widersetzen. Und dies betrifft besonders auch sein Interesse am Schicksal der Frau in der Gesellschaft. Mit Ausnahme von gewissen Andeutungen hat Defoe die Erfahrung tiefer Liebe in seinem Werk nirgends geschildert. Sexuelle Erlebnisse werden jedoch mit erstaunlicher Freizügigkeit, ganz ohne Prüderie, ja schon in einer gewissen Nähe zur Pornographie erzählt. Diese für einen Puritaner bemerkenswerte Tatsache sollte uns insofern nicht wundern, als Defoe zu seinem Lieblingsdichter den wegen seiner deftig-obszönen Gedichte und seiner Lebensumstände berüchtigten Grafen Rochester, einen großen Skeptiker, erkoren hat. Immer wieder lässt ihn unser Autor, freilich mit unverfänglichen Zitaten, zu Wort kommen. Indes fühlt sich

Defoe ein Leben lang als weltoffener protestantischer Christ. Wie die von ihm so oft genannten und offenbar auch geschätzten Quäker besaß er ebenfalls die Fähigkeit, durch seinen Glauben Rückschläge und Katastrophen in göttliche Fügungen, die ihm zum Besseren dienten, umzudeuten und sich dafür dankbar zu zeigen. Besonders darin wird Robinson zu einer Symbolfigur für ihn selbst: Denn wie groß auch seine Angst und Verzweiflung sind, wechseln sie doch auch immer wieder ab mit Empfindungen dankbar freudiger Anerkennung für die göttliche Führung.[193] Diese wird immer wieder auch bestätigt durch ökonomischen Erfolg.

Mit großem Mut hat sich Daniel Defoe politisch engagiert, und dabei ließ er sich bereits in mancher Hinsicht vom Geist der Aufklärung leiten. Im Grunde überzeugt von der Gleichheit der Menschen und ihrem Anspruch auf unverzichtbare Grundrechte, plädierte er dafür, dass sie ihr Zusammenleben mit Vernunft regeln. Er fühlte sich zu einer Öffentlichkeitsarbeit im weitesten Sinne verpflichtet, die für mäßigenden Ausgleich zwischen den Parteien sorgte. Ein eigentümlicher Zwiespalt ergibt sich indes bei ihm erneut aus der Tatsache, dass er einerseits für die öffentliche Politik «nützlich» sein, in ihr eine wichtige Rolle spielen wollte, dann sich aber doch zugleich meist in die Anonymität zurückzog. Noch in seinen späten Jahren schuf er das Pseudonym «Andrew Moreton», um sich hinter dieser Maske zu verbergen. Zu seinem Charakterbild gehört es ganz wesentlich, dass er es liebte und gezwungen war, viele Rollen zu spielen, vermochte er sich doch als Meister der Theatralik mit Leichtigkeit in eine andere Figur hineinzuversetzen. Und dies ist unlängst mit Recht als Defoes grundlegende Tendenz zur Fiktionalisierung und damit als Voraussetzung für die Entstehung seiner großen Romane gedeutet worden.[194]

Auch wenn er im Innersten immer ein Einsamer geblieben ist, trieb ihn eine unstillbare Neugier oft mitten hinein ins Weltgetümmel, das er in vielen journalistischen Texten zu beeinflussen suchte. Diese Erfahrung war ebenfalls eine entscheidende Grundlage für seine großen Romane.[195] Seine schier unglaublichen Wendigkeit ließ ihn nicht ruhen, Ungedachtes zu erproben, Unbekanntes zu erkunden und seinen Lesern vorzuführen. Er hat in zahllosen Texten Vorschläge zur Verbesserung realer Gegebenheiten gemacht und Projekte vorgestellt, die teilweise erst im 20. Jahrhundert Wirklichkeit wurden. So liest man bei ihm, um ein letztes Beispiel zu geben, mit Staunen, dass das Wort «alt» zu einem Schimpfwort der jungen Generation degeneriert sei, und deshalb müsse ein privates *Altenheim (Protestant Monastery)* zur Versorgung der minderbemittelten Überzähligen geschaffen werden – mit eigenen Ärzten, einem Pfarrer und einer Pflegestation! Derselbe Defoe, der vor allem in seinen Romanen einen neuen Sinn für die detailgerechte Schilderung der Dinge entwickelt, ist zugleich aber auch an der Welt des Okkulten, Übersinnlichen interessiert und schreibt eine *Geschichte der Magie (A System of Magick)*. Themen wie Telepathie und das zweite Gesicht klingen in seinen Werken wiederholt an. Aber er publiziert auch ein Buch, in dem er in großer Ausführlichkeit gegen den Unsinn populärer Teufels- und Höllenvorstellungen zu Felde zieht *(The Political History of the Devil)*; denn das Böse, was der menschliche Erfindungsgeist hervorgebracht hat, übersteigt alles, was der Teufel sich ausgedacht haben könnte.[196] Und wir erinnern uns, wie seine Romane immer wieder auch Einblicke in menschliche Abgründe geben.

Frontispiz der Erstausgabe von «A System of Magick», London 1726.
Kupferstich von J. van der Gucht

Man sieht: Seine schriftstellerische Energie ist unvergleichlich. Unermüdlich muss er sich schreibend betätigt und bestätigt haben; denn Schreiben war für ihn die eigentliche Form der Selbstbehauptung. Da er seine Texte meist anonym veröffentlichte, wurde ihm manches zugeschrieben, was nicht aus seiner Feder stammte. Deshalb ist seit einiger Zeit eine Diskussion über den tatsächlichen Kanon seiner Werke im Gange. Aber auch wenn die Zahl der ihm zugeschriebenen weit über 500 Titel wesentlich reduziert werden muss, bleibt seine Arbeitsleistung immer noch überaus erstaunlich.[197] Und schließlich: In seinen Texten wirkte er für «eine aufmerksamere und nachdenklichere Welt», denn eine solche Welt «ist eine bessere Welt»[198]. Wir dürfen diese Worte einer modernen Schriftstellerin auch auf Defoe beziehen. Er steht sicher hinter Moll Flanders, wenn sie in einem für ihre Biographie entscheidenden Augenblick bekennt, sie habe zu denken begonnen, und «denken» sei der Beginn eines Weges zum Guten. Solche Denkanstöße vermittelt er seiner Leserschaft in einer Fülle von Texten mit einem oft bunten Variationsreichtum, auf den er stolz ist. Und bunt wie die Vielfalt der Einfälle in seinen Texten ist auch seine Biographie, was bereits dem Zeitgenossen Charles Gildon auffiel: «Die erstaunlichen Wechselfälle dieses Lebens übertreffen alles […] bisher Gekanntes; das Leben eines einzelnen Mannes kann kaum von einer größeren Vielfalt sein.»[199]

Anmerkungen

Die Romane Defoes werden zitiert nach der zweibändigen Ausgabe von N. Miller in den Übersetzungen (mit teilweise anderen Titeln) von H. Novak und P. Baudisch (Robinson Crusoe I und II), C. Kolb (Kapitän Singleton und Colonel Jacque), M. Erler (Moll Flanders) L. Krüger (Roxana) und R. Schaller (Die Pest zu London)

1 Zit. nach F. Bastian: Defoe's Early Life. London / Basingstoke 1981, S. 25 (meine Übers.)
2 Ebd., S. 30 ff.
3 P. R. Backscheider: Daniel Defoe. His Life. Baltimore / London 1989, S. 11
4 Ebd., S. 15
5 Serious Reflections of Robinson Crusoe. Hg. von G. A. Aitken. London 1895, S. 296 ff.
6 Hg. G. H. Healey. Cummington / MA 1946
7 Vorwort zu «The Storm». London 1704, S. 7 f.
8 Zit. nach J. T. Boulton: Daniel Defoe. New York 1965, S. 255
9 Bastian, a.a.O., S. 67
10 Memoirs of a Cavalier. Hg. von J. T. Boulton. London 1972, S. 32
11 Roxana. In: N. Miller (Hg.): Daniel Defoe. Romane. München 1968, II, S. 607
12 Bastian, a.a.O., S. 71
13 Zit. nach Bastian, ebd. (meine Übers.)
14 Zit. nach Bastian, ebd.
15 Memoirs of a Cavalier, S. 33 (meine Übers.)
16 Bastian, a.a.O., S. 72
17 Ebd., S. 72 f.
18 Ebd., S. 78
19 In: Review VII, 451, zit. nach T. Wright: The Life of Daniel Defoe. London 1931, S. 20 (meine Übers.)
20 Bastian, a.a.O., S. 92 f.; S. 124
21 Ebd., S. 91

22 Ebd., S. 97
23 Vgl. The Complete English Gentleman (bes. die Auszüge bei Boulton, a.a.O., S. 252 ff.) und J. A. Bell: Defoe's Fiction. New Haven / London 1988, S. 17
24 The Complete English Gentleman, Teilabdruck bei Boulton, a.a.O., S. 248
25 Bastian, a.a.O., S. 92
26 Vorwort zu «The Storm». London 1704, S. 1
27 Bastian, a.a.O., S. 101
28 Ebd., S. 144
29 Ebd., S. 145
30 Ebd., S. 161
31 Zit. nach Boulton, a.a.O., S. 231 (meine Übers.)
32 Bastian, a.a.O., S. 173
33 J. Burnett: A History of the Cost of Living. Harmondsworth 1969, S. 123
34 Zit. nach Bastian, a.a.O., S. 165 (meine Übers.)
35 W. L. Payne (Hg.): The Best of the Review. New York 1951, S. 51
36 Bastian, a.a.O., S. 179
37 Vgl. bes. Novak: Daniel Defoe. Oxford 2001, S. 98
38 Bastian, a.a.O., S. 166 f.
39 Vgl. Novak: Daniel Defoe, S. 119
40 Bastian, a.a.O., S. 189
41 Ebd., S. 122
42 Zitiert nach ebd., S. 124
43 M. Schonhorn: Defoe's Politics. Cambridge 1991, S. 53 und bes. S. 76
44 Boulton, a.a.O., S. 44
45 Zit. nach Bastian, a.a.O., S. 269
46 Vgl. dazu bes. F. K. Stanzel: Europäer. Ein imagologischer Essay. Heidelberg ²1998, S. 21
47 P. N. Furbank / W. R. Owens (Hg.): The True-Born Englishman and Other Writings. London 1997, S. 28 f.
48 Ebd., S. 29
49 Ebd., S. 30,36 (meine Übers.)
50 Ebd., S. 35
51 Ebd., S. 58
52 Schonhorn, a.a.O., S. 124 ff.
53 Boulton, a.a.O., S. 84

54 Ebd., S. 86

55 Ebd., S. 95

56 Ebd., S. 87; vgl. auch Bastian, a.a.O., S. 280

57 Zitiert nach J. F. Wittkop: Jonathan Swift. Reinbek 1976, S. 100

58 Vgl. dazu Anm. 194

59 Bastian, a.a.O., S. 284

60 Ebd., S. 286

61 Ebd., S. 286 f.

62 Moll Flanders, in: Miller, Defoe, II, S. 212

63 Bastian, a.a.O., S. 291; vgl. zum Folgenden überhaupt Bastian, Kap. 13

64 G. H. Healey (Hg.): The Letters of Daniel Defoe. Oxford 1955, S. 6 (meine Übers.)

65 Die Schmähschrift oder Königin gegen Defoe. Erzählt nach den Aufzeichnungen eines gewissen Josiah Creech. Berlin 1993, S. 79

66 Ebd., S. 81

67 Ebd., S. 82

68 Review VIII, 75, zit. nach Boulton, a.a.O., S. 131 (meine Übers.)

69 Zit. nach Backscheider, a.a.O., S. 144

70 Vgl. E. S. Roscoe: Robert Harley. Earl of Oxford. London 1902, S. 73

71 Letters, S. 42 f.

72 Ebd., S. 20, S. 39

73 Ebd., S. 189

74 Ebd., S. 159

75 Ebd., S. 211

76 Schonhorn, a.a.O., S. 107, S. 137

77 Boulton, a.a.O., S. 112 (meine Übers.)

78 G. D. H. Cole (Hg.): A Tour Through England and Wales. London 1928, I, S. 339

79 J. D. Kennedy u. a. (Hg.): An Essay upon Projects. The Stoke Newington Daniel Defoe Edition. New York 1999, S. 56 (meine Übers.)

80 M. E. Novak: Economics and the Fiction of Daniel Defoe. New York 1962, S. 5

81 W. MacDonald (Hg.): Benjamin Franklin's Autobiography. London 1968, S. 13

82 An Essay upon Projects, S. 89 f.

83 Ebd., S. 92

84 In: Boulton, a.a.O., S. 227

85 Ebd., S. 247

86 Vgl. dazu bes. P. N. Furbank und W. R. Owens: Defoe and Prose Style. In: The Canonisation of Daniel Defoe. New Haven / London 1988, S. 125 – 133

87 An Essay upon Projects, S. 108 f. (meine Übers.)

88 Letters, S. 242

89 Ebd., S. 159

90 Ebd., S. 17

91 Ebd., S. 264

92 Ebd., S. 397 f.

93 Novak: Daniel Defoe, S. 400

94 Letters, S. 440

95 Novak: Daniel Defoe, S. 430

96 Vgl. etwa J. A. Bell: Defoe's Fiction, S. 26

97 In: Boulton, a.a.O., S. 166 ff.

98 Zit. bei N. Miller: Daniel Defoe oder die Wirklichkeit des Puritaners. In: Miller: Defoe, I, S. 17

99 Vgl. etwa Novak: Economics and the Fiction of Daniel Defoe, S. 5

100 Zit. nach Boulton, a.a.O., S. 206

101 Novak: Daniel Defoe, S. 486

102 H. Morley (Hg.): The Earlier Life and the Chief Earlier Works of Daniel Defoe. London 1889, S. 312

103 Ebd., S. 315 f.

104 Zitiert etwa von Novak, in: Heidenreich R. und Heidenreich, H. (Hg.): Daniel Defoe. Schriften zum Erzählwerk. Darmstadt 1982, S. 165

105 Review vom 3. Jan. 1706, in: Boulton, a.a.O., S. 121 (meine Übers.)

106 Ebd., S. 118

107 Ebd., S. 255 f. (meine Übers.)

108 Bell: Defoe's Fiction, S. 34

109 Novak: Daniel Defoe, S. 513 f.

110 Vgl. Novak: Defoe and the Machine Smashers. In: Notes and Queries 7 (1960), S. 288 – 290

111 J. Mc Veagh: Defoe and the Romance of Trade. In: Durham University Journal 70 (1978), S. 143

112 Ebd.

113 In: Miller: Defoe, II, S. 385

114 Reformation of Manners. London 1702

115 In: Boulton, a.a.O., S. 123f. (meine Übers.)

116 Ebd., S. 124

117 Novak: Daniel Defoe, S. 566f.

118 The Complete English Gentleman, in: Boulton, a.a.O., S. 255

119 Vgl. etwa Miller: Entstehungsgeschichte und Quellen der Romane. In: Miller: Defoe, I, S. 952

120 Darauf wies bereits H. Ullrich hin: Defoes Robinson Crusoe. Die Geschichte eines Weltbuchs. Leipzig 1924, S. 58

121 Das Leben und die unerhörten Abenteuer des Robinson Crusoe. In: Miller: Defoe, I, S. 63

122 C.T. Probyn: English Fiction of the Eighteenth Century 1700–1789. London/New York 1987, S. 32

123 Vgl. etwa Novak: Robinson Crusoe and Economic Utopia. In: Heidenreich u. Heidenreich: Daniel Defoe, S. 172f.

124 Novak, ebd.; vgl. auch bes. ders.: Economics and the Fiction of Daniel Defoe, S. 49ff.

125 K. Marx: Das Kapital. Berlin [18]1993, I, S. 91

126 Novak: Economics, S. 65f.

127 Emil oder über die Erziehung. Paderborn u.a. 1985, S. 180

128 London 1726, S. 3

129 U. Thiel: John Locke. Reinbek 1990, S. 91

130 R. Weimann spricht von Robinsons Poesie als der «Poesie der wirklichen Dinge»: Daniel Defoe. Robinson Crusoe. In: F.K. Stanzel (Hg.): Der englische Roman vom Mittelalter bis zur Moderne. Düsseldorf 1969, I, S. 121

131 Vgl. etwa D. Petzold: Daniel Defoe «Robinson Crusoe». München 1982, S. 78

132 Bereits I. Watt hat darauf hingewiesen: «Robinson Crusoe» as a Myth. In: M. Shinagel (Hg.): Robinson Crusoe. New York/London 1975, S. 302f.

133 Vgl. bes. das Buch von G.A. Starr: Defoe and Spiritual Autobiography. Princeton 1965

134 Vgl. auch Petzold, a.a.O., S. 80

135 Novak: Defoe and the Nature of Man. Oxford 1963, S. 25f.

136 Miller in der Einleitung zu Defoe, I, S. 27

137 Vgl. z.B. Novak: Daniel Defoe, S. 546

138 Thiel, a.a.O., S. 100

139 Vgl. zu diesem Thema etwa Petzold, a.a.O., S. 90

140 Vgl. z.B. Bell: Defoe's Fiction, S. 112

141 Vgl. bes. Petzold, a.a.O., S. 91

142 I. Watt: Robinson Crusoe as a Myth. In: Shinagel: Robinson Crusoe, S. 288–306

143 Vgl. etwa Petzold, a.a.O., bes. S. 47ff.

144 L. James in: L. Spaas und B. Stimpson (Hg.): Robinson Crusoe. Myths and Metamorphoses. Basingstoke 1996, S. 8; auch der folgende Überblick verdankt diesem Buch viel.

145 Vgl. G. Genette: Palimpseste. Die Literatur auf zweiter Stufe. Aesthetica. Frankfurt a.M. 1993, S. 411

146 Bell: Defoe's Fiction, S. 112

147 P.C. Conti: ‹Captain Singleton› zwischen ‹Robinson Crusoe› und ‹Moll Flanders›. In: Heidenreich u. Heidenreich: Daniel Defoe, S. 323

148 Vgl. dazu auch etwa E. Mengel: Der englische Roman des 18. Jahrhunderts. Tübingen 1997, S. 56

149 Vgl. ebd., S. 62

150 Vgl. etwa ebd., S. 58

151 D. Blewett (Hg.): Daniel Defoe. Moll Flanders. London 1989, S. 19

152 Vgl. z.B. ebd., S. 5ff.

153 Ebd., S. 265

154 Ebd., S. 16

155 Vgl. z.B. I. Watt: Defoe as a Novelist: «Moll Flanders» (aus

The Rise of the Novel), abgedr. in: E. H. Kelly (Hg.): Moll Flanders. New York/London 1973, S. 362

156 Vgl. etwa Blewett, a.a.O., S. 3

157 Z.B. ebd., S. 8

158 Novak: Conscious Irony in Moll Flanders: Facts and Problems. In: College English 26 (1964), S. 198–204

159 Blewett, a.a.O., S. 21

160 Vgl. auch Novak: Realism, Myth, and History in Defoe's Fiction. Lincoln/NB 1983, S. 131

161 S. Peterson: The Matrimonial Theme of Defoe's Roxana. In: Publications of the Modern Language Association 70 (1955), S. 166–191

162 Vgl. auch G. Kalb: Daniel Defoe. Heidelberg 1985, S. 97

163 Novak: Realism, S. 112

164 Ebd., S. 119

165 Kalb, a.a.O., S. 100

166 Ebd., S. 97

167 Ebd.

168 Ebd., S. 98

169 Augusta Triumphans. London 1729

170 Augusta Triumphans, hier zit. und übers. nach S. Sherman: Servants and Semiotics. In: English Literary History 62 (1995), S. 566

171 Arbeit statt Almosen! (Giving Alms no Charity) In: Furbank/Owens (Hg.): The True-Born Englishman, S. 230 ff. – Generell zum Thema K. Degering: Defoes Gesellschaftskonzeption. Amsterdam 1977

172 In: Review vom 9. 5. 1713

173 J. J. Richetti: Daniel Defoe. Boston 1987, S. 131

174 G. D. H. Cole (Hg.): Daniel Defoe. A Tour Through England and Wales. I, S. 1 (meine Übers.)

175 Vgl. dazu neuerdings auch Novak: Daniel Defoe, S. 636 f.

176 Vgl. Boulton, a.a.O., S. 211

177 Vgl. R. Garnett: Defoe and the Swallows. In: Times Literary Supplement, 13. 2. 1969, S. 161 f.

178 Bastian: Defoe's «Journal of the Plague Year» Reconsidered. In: Review of English Studies n.s. 16 (1965), S. 151–173, und Bastian: Defoe's Early Life, S. 20.

179 Landa, L. (Hg.): A Journal of the Plague Year. Oxford 1969, S. XXXVI; gute Einleitung

180 W. G. Bell: The Great Plague in London in 1665. London 1924, S. 105

181 Bell, ebd., S. 74

182 Dazu W. Füger: Der betrunkene Pfeifer. In: Archiv für das Studium der neueren Sprachen und Literaturen 202 (1966), S. 28–36, und Bastian: Defoe's «Journal of the Plague Year» Reconsidered, S. 151–173

183 Bell: Great Plague, S. 223

184 H. Kühnel: Große Seuchen des Mittelalters und der frühen Neuzeit. In: Kunst des Heilens. Hg. vom Amt der Niederösterreichischen Landesregierung. Wien 1991, S. 412

185 Z. B. The Consolidator, in: Morley: The Earlier Life …, S. 429

186 Backscheider, a.a.O., S. 500

187 Ebd., S. 470

188 Ebd., S. 493

189 Ebd., S. 493 ff.

190 Novak: Daniel Defoe, S. 675 f.

191 Backscheider, a.a.O., S. 496 ff.

192 Letters, S. 474 f.

193 Backscheider, a.a.O., S. 427

194 Dies ist die Grundthese von Novaks Biografie: Daniel Defoe. Master of Fictions

195 Ebd., S. 512

196 Vgl. ebd., S. 661

197 P. N. Furbank und W. R. Owens: A Critical Bibliography of Daniel Defoe. London 1998, und dies.: Defoe De-Attributions. London/Rio Grande 1994

198 M. L. Kaschnitz: Zwischen Immer und Nie. Frankfurt a. M./Leipzig 1993, S. 303

199 Zit. nach E. Kelly (Hg.): Daniel Defoe. Moll Flanders. New York/London 1973, S. 324

ZEITTAFEL

1660 Daniel Foe wird in London als Sohn des Wachsziehers und Talgkerzenhändlers James Foe geboren.
Krönung Karls II. nach seiner Rückkehr aus dem französischen Exil. Beginn der Epoche der Restauration.

1665/66 London wird von der Pest und dem großen Stadtbrand heimgesucht.

Ca. 1668 Tod von Defoes Mutter Alice.

1673 Die Test Act führt zum Ausschluss der Dissenter von allen öffentlichen Ämtern und den Universitäten.

Ca. 1676–79 Defoe besucht die Dissenter-Akademie des Reverend Charles Morton in Newington Green zur Vorbereitung einer Prediger-Laufbahn.

1678 Gerücht eines katholischen Umsturzes («Popish Plot»).

1683 Daniel Foe entscheidet sich für den kaufmännischen Beruf. Er betreibt in der Nähe der Londoner Börse einen Großhandel mit Strumpf- und Wirkwaren, importierten Weinen, Spirituosen und Tabak.

1684 Heirat mit Mary Tuffley.

1685 Tod von Karl II. Auf den Thron folgt der zum Katholizismus konvertierte Jakob II. Rebellion des Herzogs von Monmouth gegen den unbeliebten Jakob II., Defoe schließt sich ihr zeitweilig an.

1688 Der protestantische Holländer Wilhelm von Oranien wird als Wilhelm III. auf den englischen Thron berufen.
Als Ergebnis der «Glorious Revolution» unterzeichnen Wilhelm und Maria die «Bill of Rights»; der König regiert nunmehr als «King in Parliament».

Die Dissenters erhalten kirchliche Freiheit in der Toleranzakte. Jakob II. begibt sich ins Exil nach Frankreich; er stirbt dort 1701.

1692 Daniel Foe macht Bankrott und kommt ins Schuld-Gefängnis. Nach Entlassung aus dem Gefängnis Tätigkeit als politischer Journalist und Gründung einer Ziegelei in Tilbury.

1695–99 Mitglied der staatlichen Kommission für Steuer auf Glaswaren.

1697 Sein *Essay über Projekte* erscheint.

1700 Defoe im Dienst Wilhelms III.

1701 Defoe wird berühmt durch seine viel beachtete satirische Dichtung *Der echte Engländer*.

1702–14 Spanischer Erbfolgekrieg.

1702 Plötzlicher Tod Wilhelms III. Krönung Annas.

1702 Erneuter politischer «Auftritt» Defoes mit dem äußerst satirischen Traktat *Kurzen Prozeß mit den Dissenters!*

1703 Wegen dieser Schrift muss Defoe ins berüchtigte Newgate-Gefängnis und wird mit schweren Strafen, u. a. dem Pranger, belegt. Robert Harley interveniert und befreit ihn aus dem Gefängnis.

1704 Beginn von Defoes Arbeit für Robert Harley zugunsten seiner Tory-Politik.

1704–13 Über neun Jahre Herausgeberschaft Defoes der von ihm allein verfassten einflussreichen Zeitschrift *A Review of the Affairs of France*, später geläufig unter dem Titel *The Review*, die dreimal wöchentlich erscheint. Spionagetätigkeit Defoes in Schottland zur Vorbereitung der Vereinigung Englands und Schottlands zum Vereinigten Königreich Großbritannien (1707). Publizistisches Engage-

ment Defoes für Whigs und
Tories.

1713/14 Friede von Utrecht und
Rastatt mit Frankreich.

1714 Tod von Königin Anna;
Georg I. aus dem Hause Hannover
zum englischen König gekrönt.

1713/14 Erneute mehrfache kurz-
zeitige Inhaftierung Defoes
wegen politischer journalistischer Betätigung; Vorwurf der
Verleumdung und Anstiftung
zum Aufruhr.

1714 Nach der Wahlniederlage
der Tories stellen die Whigs für
mehrere Jahrzehnte die Regierung mit dem sehr erfolgreichen
Premierminister Robert Walpole.

1715 Veröffentlichung von Defoes
puritanischem Erbauungsbuch
Die Familienunterweisung.

1719 Defoes erster Roman *Robinson Crusoe* erscheint und wird in
kürzester Zeit ein Riesenerfolg.
*Die weiteren Abenteuer des Robin-
son Crusoe* folgen innerhalb von
wenigen Monaten.

1720 Veröffentlichung des dritten
Teils von *Robinson Crusoe* unter
dem Titel *Ernste Überlegungen
Robinson Crusoes*. Darüber hinaus
veröffentlicht Defoe die fiktiven
*Memoiren eines königstreuen Offi-
ziers* und den Roman *Kapitän
Singleton*.

1720 Zusammenbruch der
South Sea Company («South Sea
Bubble»).

1722 *Moll Flanders*; *Colonel Jacque*
und *Christliche Gattenwahl* erscheinen. Beunruhigt über die
Pest auf dem Kontinent, veröffentlicht Defoe außerdem den
Bericht vom Pest-Jahr. Weitere rege
schriftstellerische Tätigkeit.

1724 *Die glückhafte Mätresse [...]
Roxana*; *Eine Reise durch die ganze
Insel Großbritanniens* (1724–26).

1725 *Der vollkommene englische
Handelsmann. Ein Planungsvor-
schlag für den englischen Handel.*

1726 *Die politische Geschichte des
Teufels.*

1727 *Unzucht in der Ehe*; *Ein Essay
über die Geschichte und Realität von
Geistererscheinungen.*

1728 *London als Stadt der Städte
(Augusta Triumphans)*. Defoe
unterzieht sich wahrscheinlich
einer äußerst schmerzhaften und
riskanten Blasenoperation. Von
einer Gläubigerin wird er neuerdings verfolgt; er muss mehrmals
seinen Aufenthaltsort wechseln
und lebt zuletzt völlig im Verbor-
genen.

1731 Defoe stirbt am 24. April
in London, vermutlich an einem
Schlaganfall.

ZEUGNISSE

Jonathan Swift

Der Kerl [Defoe], der an den Pranger gestellt wurde – ich hab seinen Namen vergessen –, ist wirklich ein so sauertöpfischer, moralisierender und rechthaberischer Schurke, dass man ihn nicht ausstehen kann.

Aus einem Pamphlet über die «Sakramentsprobe»

Sir Walter Scott

Dass Defoe ein Mann mit scharfem Intellekt und lebendiger Einbildungskraft war, zeigt sich deutlich an seinem Werk. Dass er von einem heftigen Temperament, entschlossenem Mut und unermüdlichem Unternehmungsgeist beherrscht war, wird durch die Ereignisse seiner wechselvollen Laufbahn bezeugt. Und was immer man auch von seinem voreiligen Leichtsinn halten mag, der den Erfolg in seinem Leben so oft beeinträchtigte, gibt es doch keinen Grund, ihm so viel, ja mehr Integrität, Aufrichtigkeit und Konsequenz abzusprechen, als man von einem politischen Autor erwarten konnte, der für seinen Lebensunterhalt schrieb. […] Als Autor des Robinson Crusoe verspricht sein Ruhm so lange zu dauern wie die Sprache, in der er schrieb.

Lives of the Novelists

Edgar Allan Poe

Wir lesen [Robinson Crusoe] und werden völlig absorbiert von der Intensität unseres Interesses; wir schlagen das Buch zu mit dem wohligen Gefühl, daß wir es genau so hätten schreiben können. All dies kommt zustande durch die kraftvolle Magie seiner realistischen Erzählkunst. Der Autor des «RC» muß wirklich vor allen anderen Fähigkeiten das besessen haben, was man die Fähigkeit des Sichhineinversetzens in den Gegenstand genannt hat – die Macht, die der Wille über die Phantasie ausübt, die es dem Menschengeist ermöglicht, sich selbst in einer fiktiven Individualität zu verlieren.

Marginalia

Charles Dickens

Ich wage zu behaupten, dass es in der ganzen Welt der Literatur kein überraschenderes Beispiel für einen völligen Mangel an Zärtlichkeit und Gefühl gibt als die Erzählung von Freitags Tod … Auch DeFoes Frauen – z. B. Robinson Crusoes Gattin – sind schrecklich einfältige Figuren ohne Hosen; und ich bezweifle nicht, dass er ein selten trockener und unangenehmer Typ war – ich spreche von DeFoe, nicht von Robinson.

Nach J. Forster: The Life of Charles Dickens

Karl Marx

Sein Inventarverzeichnis enthält eine Liste jener ihm gehörenden nützlichen Objekte, ferner der Tätigkeiten, die für ihre Herstellung nötig sind, und schließlich der Arbeitszeit, die bestimmte Mengen jener Objekte ihn durchschnittlich gekostet haben. Alle Beziehungen zwischen Robinson und den Gegenständen, die diesen Reichtum bilden, den er selbst geschaffen hat, sind hier so einfach und klar, daß sie mühelos einsichtig sind.

Das Kapital

James Joyce

Das eigentliche Symbol britischen Eroberergeistes ist Robinson Crusoe, der auf einer einsamen Insel mit Messer und Pfeife in der Tasche sich zu einem Architekten, Zimmermann, Messerschleifer, Astronomen, Bäcker, Schiffbauer, Töpfer, Sattler, Bauer, Schneider, Schirmmacher und Geistlichen entwickelt. Er ist der wahre Prototyp des britischen Kolonisators, so wie Freitag (der vertrauensselige

Wilde, der ihm an einem unglücklichen Tag begegnet) das Symbol der unterjochten Rassen ist. Die ganze angelsächsische Mentalität ist in Crusoe enthalten: eine männliche Unabhängigkeit, die unbewusste Grausamkeit, die Beharrlichkeit, die langsame, aber effiziente Intelligenz; die sexuelle Apathie, die praktische, wohl ausbalancierte Religiosität, die berechnende Verschwiegenheit.
Nach J. Prescott, in: Buffalo Studies 1.1

André Gide
Aber mit welcher Bewunderung lese ich laut mit Elisabeth den Colonel Jack von Defoe! Das ist so schön wie das Leben selbst; die Kunst, mit der es dargeboten und umhüllt wird, könnte nicht diskreter, nicht durchsichtiger sein.
Zitiert nach Miller: Defoe, I, S. 30f.

Virginia Woolf
Er hatte achtzehn Monate in Newgate verbracht und dort mit Dieben, Piraten, Wegelagerern und Falschmünzern gesprochen, bevor er die Geschichte der Moll Flanders schrieb [...] jede seiner männlichen und weiblichen Romanfiguren hat die Welt noch vor sich und muß den Kampf allein bestehen [...] der Schöpfer der Moll Flanders war nicht bloß, wie man ihm vorgeworfen hat, Journalist und Berichterstatter von Tatsachen ohne jede Vorstellung von Psychologie. Es stimmt, daß seine Charaktere ganz von selbst Gestalt und Wesen annehmen, gleichsam zum Trotz des Autors und keineswegs ganz nach seinem Belieben. Nie läßt er sich Zeit oder betont er eine subtile oder pathetische Situation; vielmehr drängt es ihn unbeirrt weiter, als ob sie ohne sein Wissen in den Roman gelangt wäre.
Der gewöhnliche Leser

Hermann Hesse
Defoe, der mit seinem Robinson eines der gelesensten und schönsten Bücher der Welt geschrieben hat, ist ein unglaublich produktiver und lebendiger Mensch gewesen …
Zitiert nach: *Daniel Defoe. Robinson Crusoe.* Frankfurt a. M. 1973

AUSWAHL-BIBLIOGRAPHIE

Bibliographien

Moore, J. R.: A Checklist of the Writings of Daniel Defoe. Hamden/CT ²1971

Payne, W. L.: An Annotated Bibliography of Works About Daniel Defoe, 1719–1974. In: Bulletin of Bibliography 32, 1975

Hammerschmidt, H.: Daniel Defoe. Articles in Periodicals 1950–1980. In: Bulletin of Bibliography 40, 1980

Stoler, J. A.: Daniel Defoe: An Annotated Bibliography of Modern Criticism, 1900–1980. New York/London 1984

Furbank, P. N., und Owens, W. R.: Defoe De-Attributions. A Critique of J. R. Moore's «Checklist». London/Rio Grande 1994 (Problematischer Versuch der Echtheitsermittlung von Defoe zugeschriebenen Schriften)

–: A Critical Bibliography of Daniel Defoe. London 1998 (Ein ebenso problematischer Versuch der Erstellung eines Defoe-Kanons)

Ausgewählte Werke, alle erstmals in London erschienen

An Essay upon Projects, 1697
The True-Born Englishman, 1700
The Villainy of Stock-Jobbers Detected, 1701
Legion's Letter, or Legion's Memorial, 1701
Reformation of Manners, 1702
The Shortest Way with the Dissenters, 1702
The Storm, 1704
Giving Alms no Charity, and Employing the Poor, 1704
A Review of the Affairs of France; später bekannt als The Review (Zeitschrift), 1704–13

The Consolidator, 1705
A True Relation of the Apparition of one Mrs. Veal, 1706
Jure Divino, 1706
The History of the Union of Great Britain, 1709
Mercator (Zeitschrift), 1713/14
The Family Instructor, 1715
An Appeal to Honour and Justice, 1715
The Manufacturer (Zeitschrift), 1719–21
The Life and Strange Surprising Adventures of Robinson Crusoe, 1719
The Farther Adventures of Robinson Crusoe, 1719
Memoirs of a Cavalier, 1720
The Life, Adventures, and Pyracies of the Famous Captain Singleton, 1720
Serious Reflections during the Life and Surprising Adventures of Robinson Crusoe, 1720
The Fortunes and Misfortunes of the Famous Moll Flanders, 1722
Due Preparations for the Plague, 1722
A Journal of the Plague Year, 1722
Religious Courtship, 1722
The History and Remarkable Life of the Truly Honourable Colonel Jacque, 1722
The Fortunate Mistress […] Roxana, 1724
The Great Law of Subordination Consider'd, 1724
A Tour thro' the Whole Island of Great Britain, 1724
A New Voyage Round the World, 1724
A General History of Pirates, 1724
The Complete English Tradesman, 1725
The Political History of the Devil, 1726
The Protestant Monastery, 1726
A System of Magick, 1726
Conjugal Lewdness: or, Matrimonial Whoredom, 1727
An Essay on the History and Reality of Apparitions, 1727

Augusta Triumphans, 1728
A Plan of the English Commerce,
1728
The Complete English Gentleman,
1728/29 (posthum erschienen
1890)

Ausgewählte Werkausgaben

Aitken, G. A. (Hg.): Romances and
Narratives by Daniel Defoe,
London 1895, 16 Bde.
Maynadier, G. H. (Hg.): The Works
of Daniel Defoe. 16 Bde. New York
1903 f.
The Shakespeare Head Edition of
the Novels and Selected Writings
of Daniel Defoe. Oxford 1927/28,
14 Bde.
Diese Ausgaben werden künftig
ergänzt durch eine umfassende
Neuedition aller Bereiche von De-
foes schriftstellerischer Tätigkeit:
Gen. editors W. R. Owens und P. N.
Furbank, London 2000–2008

Ausgewählte wichtige englische Ausgaben

Secord, A. W. (Hg.): Defoe's Review.
New York 1938, 22 Bde. plus Regis-
terband (Faksimile-Ausgabe)
Shinagel, M. (Hg.): Robinson Crusoe.
New York/London 1975
Ross, A. (Hg.): Robinson Crusoe.
Harmondsworth (Penguin)
Coetzee, J. M. (Hg.): Robinson Crusoe.
Oxford 1999
Kelly, E. H. (Hg.): Moll Flanders.
New York/London 1973
Blewett, D. (Hg.): Moll Flanders.
Harmondsworth 1989 (Penguin)
Starr, G. A. (Hg.): Moll Flanders.
Oxford 1998
Hunter, J. P. (Hg.): Moll Flanders.
Bedford Cultural Editions.
Boston/New York 2000
Blewett, D. (Hg.): Roxana. Harmonds-
worth 1982 (Penguin)

Mullan, J. (Hg.): Daniel Defoe.
Roxana. The Fortunate Mistress.
Oxford 1996
Sutherland, J. (Hg.): Captain Single-
ton. Everyman's Library. London
1972
Monk, S. H. (Hg.): Colonel Jacque.
London 1970
Burgess, A. (Hg.): A Journal of the
Plague Year. Harmondsworth 1972
(Penguin)
Backscheider, P. R. (Hg.): A Journal of
the Plague Year. New York/London
1992
Landa, L. A. (Hg.): A Journal of
the Plague Year. Oxford 1998
Cole, G. D. H. (Hg.): A Tour Through
England and Wales. London 1928
Furbank, P. N., und Owens, W. R.
(Hg.): Daniel Defoe. A Tour
Through the Whole Island of Great
Britain. New Haven/London 1991
– dies. (Hg.): The True-Born English-
man & other Writings. London/
New York 1997 (Penguin)

Anthologien

Payne, W. L. (Hg.): The Best of the Re-
view. An Anthology. New York 1951
Boulton, J. T. (Hg.): Daniel Defoe.
New York 1965
Curtis, L. A. (Hg.): The Versatile
Defoe. An Anthology of Uncollec-
ted Writings by Daniel Defoe.
London 1979

Briefe

Healey, G. H. (Hg.): The Letters of
Daniel Defoe. Oxford 1955

Ausgewählte deutsche Ausgaben

Daniel Defoe. Romane. Hg. von
N. Miller. München 1968, 2 Bde.
Das Leben und die gantz ungemei-

nen Begebenheiten des berühmten Engelländers, Mr. Robinson Crusoe … (Übers. von M. Vischer). Hamburg 1720

Daniel Defoe. Robinson Crusoe. Übers. von Fr. Riederer, Essay von U. Böker. Zürich ³1995

Robinson Crusoe. Übers. von H. Novak. Frankfurt a. M. ⁶1987

Robinson Crusoe. Übers. von H. Reisiger. Stuttgart 1983

Leben und seltsame, überraschende Abenteuer des Seefahrers Robinson Crusoe. Übers. von B. Cramer-Nauhaus. Essay von R. Weimann. Leipzig ⁴1972

Robinson Crusoe, 1. u. 2. Teil. Übers. von L. Krüger. Essay von F. Berger. München ³1997

Moll Flanders – Begebenheiten, d. i. einer also genannten Engländerin erstaunenswürdige Glücks- und Unglücksfälle. Übers. von J. Mattheson. Hamburg 1723

Glück und Unglück der berühmten Moll Flanders. Übers. von J. Grabisch, Essay von J. Möller. Frankfurt a. M./Berlin 1988

Glück und Unglück der berühmten Moll Flanders. Übers. von M. Erler, Essay von W. Pache. Stuttgart 1979

Glück und Unglück der berühmten Moll Flanders. Übers. von M. Erler, Essay von N. Kohl. Frankfurt a. M. 1997

Glück und Unglück der berühmten Moll Flanders. Übers. von M. Erler. München 1991

Glück und Unglück der berühmten Moll Flanders. Übers. von J. Mattheson. Essay von R. Weimann. Leipzig ⁵1981

Die glückliche Mätresse … [Roxana]. Übers. von L. Krüger, Essay von G. Klotz. Berlin 1966

Das Leben, die Abenteuer und die Piratenzüge des berühmten Kapitäns Singleton. Übers. von L. Krüger. Berlin/Weimar 1980

Obrist Jack. Übers. von R. Eger. Zürich 1942

Die Pest zu London. Übers. von F. Barzel, Essay von F. Wölcken. Frankfurt a. M. 1976

Die Pest zu London. Übers. von R. Schaller. Berlin/Weimar 1978

Die Pest zu London. Übers. von W. Barzel. München 1994

Eine allgemeine Geschichte der Piraten. Eine Auswahl. Übers. u. eingel. von J. Rademacher. Münster/New York 1996

Forschungsliteratur

Biographien

Backscheider, P. R.: Daniel Defoe. His Life. Baltimore/London 1989

Bastian, F.: Defoe's Early Life. London/Basingstoke 1981

Dottin, P.: Daniel Defoe et ses romans. Paris 1924, 3 Bde.

Moore, J. R.: Daniel Defoe: Citizen of the Modern World. Chicago 1958

Novak, M. E.: Daniel Defoe: Master of Fictions. Oxford 2001

Sutherland, J.: Daniel Defoe. London ²1950

Wright, T.: The Life of Daniel Defoe. London 1931

Literaturkritik; Einzelveröffentlichungen und Sammelbände

Bell, J. A.: Defoe's Fiction. Beckenham 1985

Blewett, D.: Defoe's Art of Fiction. Toronto 1979

Bloom, H. (Hg.): Daniel Defoe: Modern Critical Views. New York 1987

Broich, U., Suerbaum, U., u. a. (Hg.): Lineages of the Novel. Essays in Honour of Raimund Borgmeier. Trier 2000

Degering, K.: Defoes Gesellschaftskonzeption. Amsterdam 1977

Earle, P.: The World of Defoe. London 1976

Elliott, R. C. (Hg.): Twentieth Century Interpretations of «Moll Flanders». A Collection of Critical Essays. Englewood Cliffs 1970

Ellis, F. (Hg.): Twentieth Century Interpretations of Robinson Crusoe. Englewood Cliffs 1969

Furbank, P. N., und Owens, W. R. (Hg.): The Canonization of Daniel Defoe. New Haven/London 1988

Heidenreich, R., und Heidenreich, H. (Hg.): Daniel Defoe. Schriften zum Erzählwerk. Darmstadt 1982, Wege der Forschung 339

Hunter, J. P.: The Reluctant Pilgrim: Defoe's Emblematic Method and Quest for Form in Robinson Crusoe. Baltimore 1966

James, E. A.: Daniel Defoe's Many Voices. Amsterdam 1972

Kalb, G.: Daniel Defoe. Heidelberg 1985

Mason, S.: Daniel Defoe and the Status of Women. St. Albans/VT 1978

Mayer, R.: History and the Early English Novel. Cambridge 1997

Mengel, E.: Der englische Roman des 18. Jahrhunderts. Eine Einführung in seine Klassiker. Tübingen 1997

Novak, M. E.: Defoe and the Nature of Man. Oxford 1963

– : Economics and the Fiction of Daniel Defoe. New York 1962

– : Realism, Myth, and History in Defoe's Fiction. Lincoln/NB 1983

Petzold, D.: Daniel Defoe «Robinson Crusoe». München 1982, UTB 1154

Richetti, J. J.: Daniel Defoe. Boston 1987

Ridley, H.: Images of Imperial Rule. London 1983

Rogers, P. (Hg.): Defoe: The Critical Heritage. Boston 1972

Schonhorn, M.: Defoe's Politics. Cambridge 1991

Secord, A.: Studies in the Narrative Method of Defoe. Urbana 1924

Shinagel, M.: Daniel Defoe and Middle-Class Gentility. Cambridge/MA 1968

Stamm, R.: Der aufgeklärte Puritanismus Daniel Defoes. Zürich/Leipzig 1936

Stanzel, F. K.: Theorie des Erzählens. Göttingen ⁷2001

Starr, G. A.: Defoe and Spiritual Autobiography. Princeton 1965

Sutherland, J.: Defoe. New York/London 1971

Watt, I.: The Rise of the Novel: Studies in Defoe, Richardson, and Fielding. London u. a. 1957

Weimann, R.: Daniel Defoe. Eine Einführung in das Romanwerk. Halle 1962

Wirkungsgeschichte

a) Nachwirkung und Imitationen von Robinson Crusoe

Liebs, E.: Die pädagogische Insel. Studien zur Rezeption des «Robinson Crusoe» in deutschen Jugendbearbeitungen. Stuttgart 1977

Spaas, L., und Stimpson, B. (Hg.): Robinson Crusoe. Myths and Metamorphoses. Basingstoke 1996

Ullrich, H.: Robinson und Robinsonaden. Bibliographie, Geschichte, Kritik. Teil I: Bibliographie. Weimar 1898

– : Defoes Robinson Crusoe. Die Geschichte eines Weltbuchs. Leipzig 1924

b) Verfilmungen, Lesungen (Auswahl)

Robinson Crusoe, verfilmt u. a. von A. Blom (1910), M. A. Wetherell (1936), L. Buñuel (1953), C. Dechanel (1988) und G. Miller (1996)

Marek, U., und Kellner, O.: Robinson Crusoe. Lederstrumpf, David Balfour, Cagliostro, Tom Sawyer – Die großen Abenteurer – Vierteiler im ZDF. 1999

Robinson Crusoe. 2 Kassetten. Beltershausen 1996 (Verlag Hörbuch)

Robinson Crusoe. 3 CDs. Beltershausen 2000 (Verlag Hörbuch)

Moll Flanders, Film von T. Young, 1964

Moll Flanders, Granada-Fernsehserie, Regie D. Attwood, 1996

Defoes Reise nach Schottland. Übers. von R. Czoelner. 1997. 1 Diskette

NAMENREGISTER

Die kursiv gesetzten Zahlen bezeichnen die Abbildungen

Anna, Königin von England 32, 35, 41, 50, 58 f., *51*
Astell, Mary 55

Baker, Henry 141
Bastian, Frank 10, 15, 22 f.
Behn, Aphra 55, *55*
Bloch, Jean Richard 84
Boccaccio, Giovanni 138
Brosnan, Pierce 84
Buñuel, Luis 84

Campe, Joachim Heinrich 72, 75, 80
Camus, Albert 136
Churchill, John, Herzog von Marlborough 35, 58, 120, *51*
Churchill, Sir Winston 120 f.
Coetzee, John Marie 86 f.
Conrad, Joseph 89
Cooper, James Fenimore 84
Cruso, Timothy 12

Dampier, William 68
Dechanel, Caleb 4, 84
Defoe, Benjamin (Sohn) 18, 23, 39, 41, 56, 59, 139, 141
Defoe, Daniel (Sohn) 18, 23, 39, 41, 56, 59, 141
Defoe, Hannah (Tochter) 18, 23, 39, 41, 56
Defoe, Henrietta (Tochter) 18, 23, 39, 41, 56
Defoe, Martha (Tochter) 18, 23, 39, 41, 56
Defoe, Mary (Ehefrau) 18, 23, 26, 39, 41, 56, 139
Defoe, Mary (Tochter) 18, 23, 39, 41, 56
Defoe, Sophia (Tochter) 18, 23, 39, 41, 56, 141
Diderot, Denis 118
Dostojewskij, Fjodor Michailowitsch 112

Eco, Umberto 84 f.
Elisabeth, Kurfürstin 58

Elisabeth I., Königin von England 49
Eugen, Prinz von Savoyen 35

Foe, Alice (Mutter) 8 f.
Foe, Henry (Onkel) 8 ff., 128
Foe, James (Vater) 8–11, 17, 23, 41, 56, 87
Fox, George 90
Franklin, Benjamin 3
Friedrich V. von der Pfalz, Kurfürst 58

Georg I. Ludwig, König von Großbritannien u. Irland u. Kurfürst von Hannover 58, 103
Gildon, Charles 145
Giraudoux, Jean 86
Godwin, Francis 61
Golding, William 86
Gonzales, Domingo *61*
Grimmelshausen, Johann (Hans) Jakob Christoffel von 69
Gustav II. Adolf, König von Schweden 48, 121, *121*
Gwynne, Nell 133, *134*

Harley, Robert 33, 47–50, 53, 56, 59, *47*
Heym, Stefan 42 ff.
Hippokrates 126
Hodges, Nathaniel 128
Hogarth, William 97, 99, 102, 106, 116

Jakob I., König von England 32 f., 49, 58
Jakob II., König von England 24–27, 32 f., 35, 58
James, Herzog von Monmouth 24 ff.
Johann III. Sobieski, König von Polen 30
Juvenal (Decimus Junius Juvenalis) 32

Karl I., König von England 37, 121
Karl II., König von England 8, 24 f., 35, 103, 133 f.
Kingston, Alex *94*
Knox, Robert 68

Locke, John 11, 32, 77, 81
Ludwig XIV., gen. der Sonnenkönig, König von Frankreich 8, 24, 29, 33, 35, *25*

Macky, John 117
Maria II. Stuart, Königin von England 26 f., 32
Marx, Karl 75
Miller, George 84
Milton, John 105
Mitchell, Adrian 85
Morton, Charles 11, 123
Mustafa (Kara Mustafa) 30

Offenbach, Jacques 84

Penn, William 41
Pepys, Samuel 131
Philipp V., Herzog von Anjou 35
Pitman, Henry 69
Purcell, Henry 32, 138

Raffael, eigtl. Raffaello Santi 120
Richelieu, Armand Jean du Plessis, Herzog von 48 f., 54, 49
Rochester, John Wilmot, Graf von 122, 142
Rogers, Woodes 68
Roselius, Ludwig 82
Rousseau, Jean-Jacques 76, 76

St. Alban, Francis Bacon, Herzog 134
Schnabel, Johann Gottfried 84
Selkirk, Alexander 68
Severin, Tim 68
Shakespeare, William 81, 122
Smeeks, Hendrik 69
Sophie Dorothea 103
Sophie von der Pfalz 58
Swift, Jonathan 37 f., 38

Veal, Mrs. 46
Verne, Jules 84

Tuffley, Maria s. u. Defoe, Mary

Walpole, Robert 103
Watt, Ian 84
Wild, Jonathan 40
Wilde, Oscar 122
Wilhelm III. von Oranien, König von England 23, 26–29, 31 f., 34 ff., 48 f., 58, 108, 120, 27
Wren, Sir Christopher 119
Wyß, Johann David 84

DANKSAGUNG

Für den frühen Defoe ist diese Darstellung der Biographie von F. Bastian besonders verpflichtet. Ich danke dem Österreichischen Bundesministerium für Wissenschaft und Verkehr für die Gewährung eines Forschungssemesters. Der Cambridge University Library gilt mein Dank für die Erlaubnis ihrer Benützung zu Forschungszwecken. Für wertvolle Hilfe danke ich Frau Mag. Jutta Leger sowie Frau Elisabeth Jenewein und Ms. Sarah Mercer.

Das Buch ist dem Andenken meines Vaters Erwin Riehle gewidmet.

ÜBER DEN AUTOR

Wolfgang Riehle, geboren 1937, Studium der Anglistik, Germanistik und Philosophie in Tübingen, Durham / GB und München. Habilitation 1972. Seit 1973 ordentlicher Professor für englische Philologie in Graz. Buchpublikationen zu Shakespeare: Shakespeare, Plautus and the Humanist Tradition (Cambridge / Woodbridge, 1990), Shakespeares Trilogie King Henry VI und die Anfänge seiner dramatischen Kunst (Heidelberg, 1997), zu T. S. Eliot (Darmstadt, 1979) sowie zur englischen Mystik des Mittelalters (The Middle English Mystics, London / Boston, 1981). Der Autor verfasste auch den Band über Geoffrey Chaucer in der Reihe «rowohlts monographien».

QUELLENNACHWEIS DER ABBILDUNGEN

Foto: akg-images, Berlin: Umschlagvorderseite, 25 (Musée du Louvre,
Paris), 30/31 (Historisches Museum der Stadt Wien), 49 (Musée
du Louvre, Paris), 61, 64/65, 69, 72,
76 (Musée d'art et d'histoire, Genf),
80, 97, 102 + 103, 106, 116, 120 (Privatsammlung), 125 (Germanisches
Nationalmuseum, Nürnberg),
Umschlagrückseite oben
© Bildarchiv Preußischer Kultur-
besitz, Berlin, 2002: 3, 38 (National
Portrait Gallery, London), 121
(Stiftung Preußische Schlösser
und Gärten Berlin-Brandenburg,
Jagdschloss Grunewald; Foto: Jörg
P. Anders)
Aus: Daniel Defoe: Roxana, the For-
tunate Mistress. London 1724: 7,
104
Museum of London, London: 9, 19,
127
This item is reproduced with per-
mission of The Huntington Libra-
ry, San Marino, California: 13
(HM 26613)
The Royal Collection © 2002, Her
Majesty Queen Elizabeth II: 16/17
(Foto: A. C. Cooper Ltd.)
The British Library, London: 22, 77
By courtesy of the National Portrait
Gallery, London: 27, 34, 42, 47
Aus: Daniel Defoe: The True and
Genuine Account of the Life and
Actions of Jonathan Wild. London
1725: 40
Musée d'art et d'histoire, Genf: 45
(Inv.-Nr. CR 418)
Blenheim Palace, Oxfordshire,
UK/Bridgeman Art Library, Lon-
don: 51
Aus: Daniel Defoe: «The Review».
Nach der von A.W. Secord hg. Fak-
simile-Ausgabe. New York 1938:
52
St. Hilda's College, Oxford: 55

British Museum, London: 57
(BM 1571), 110 (BM 3188)
Aus: Paula R. Backscheider: Daniel
Defoe. His Life. Baltimore, London
1989: 60 (Foto: Daphne Munday),
140 (nach: Lawrence Heister:
A General System of Surgery in
Three Parts. London 1743)
Aus: Daniel Defoe: The Farther
Adventures of Robinson Crusoe.
London 1719: 70
Aus: Daniel Defoe: Serious Reflec-
tions of Robinson Crusoe. London
1720: 71
Aus: Daniel Defoe: The Life and
Strange Surprising Adventures
of Robinson Crusoe. Paris 1840:
85
Aus: Daniel Defoe: Eine allgemeine
Geschichte der Piraten. Übers.
von Jörg Rademacher. Münster,
New York 1996: 88
Aus: Daniel Defoe: The History
and Remarkable Life of the Truly
Honourable Colonel Jacque. 4. Auf-
lage London 1738: 92
Aus: Daniel Defoe: The Fortunes
and Misfortunes of Moll Flanders.
London 1996: 94
Privatsammlung: 99
Photo Réunion des Musées Natio-
naux-Bulloz, Paris: 118 (Biblio-
thèque Nationale, Paris)
The National Trust, London: 123
Aus: Daniel Defoe: The History of
the Grat Plague on London, In the
Year 1665... By a Citizen who Lived
the Whole Time in London. Lon-
don 1819: 130
Chiddingstone Castle, Kent: 134
All rights reserved, The Metropoli-
tan Museum of Art, The Cloisters
Collection, 1954, New York: 137
(54.1.1 [fol. 74])
Aus: Daniel Defoe: A System of
Magick. London 1727: 144
Reproduced by courtesy of Essex
Record Office, Chelmsford: 145
Cinetext, Bild- und Textarchiv,
Frankfurt a.M.: Umschlagrückseite
unten